中华人民共和国反间谍法

注释本

法律出版社法规中心　编

法律出版社
LAW PRESS CHINA
·北　京·

图书在版编目（CIP）数据

中华人民共和国反间谍法注释本 / 法律出版社法规中心编. -- 北京：法律出版社，2025. --（法律单行本注释本系列）. -- ISBN 978 - 7 - 5197 - 9878 - 9

Ⅰ. D924.315

中国国家版本馆 CIP 数据核字第 2025QD8016 号

中华人民共和国反间谍法注释本
ZHONGHUA RENMIN GONGHEGUO FANJIANDIEFA ZHUSHIBEN

法律出版社法规中心 编

责任编辑 冯高琼
装帧设计 李 瞻

出版发行 法律出版社
编辑统筹 法规出版分社
责任校对 翁潇潇
责任印制 耿润瑜
经　　销 新华书店

开本 850 毫米×1168 毫米 1/32
印张 5.625 **字数** 150 千
版本 2025 年 3 月第 1 版
印次 2025 年 3 月第 1 次印刷
印刷 三河市龙大印装有限公司

地址：北京市丰台区莲花池西里 7 号(100073)
网址：www.lawpress.com.cn
投稿邮箱：info@lawpress.com.cn
举报盗版邮箱：jbwq@lawpress.com.cn
销售电话：010 - 83938349
客服电话：010 - 83938350
咨询电话：010 - 63939796

书号：ISBN 978 - 7 - 5197 - 9878 - 9　**定价**：20.00 元

凡购买本社图书，如有印装错误，我社负责退换。电话：010 - 83938349

编辑出版说明

现代社会是法治社会,社会发展离不开法治护航,百姓福祉少不了法律保障。遇到问题依法解决,已经成为人们处理矛盾、解决纠纷的不二之选。然而,面对纷繁复杂的法律问题,如何精准、高效地找到法律依据,如何完整、准确地理解和运用法律,日益成为人们"学法、用法"的关键所在。

为了帮助读者快速准确地掌握"学法、用法"的本领,我社开创性地推出了"法律单行本注释本系列"丛书,至今已十余年。本丛书历经多次修订完善,现已出版近百个品种,涵盖了社会生活的重要领域,已经成为广大读者学习法律、应用法律之必选图书。

本丛书具有以下特点:

1. 出版机构权威。成立于1954年的法律出版社,是全国首家法律专业出版机构,始终秉承"为人民传播法律"的宗旨,完整记录了中国法治建设发展的全过程,享有"社会科学类全国一级出版社"等荣誉称号,入选"全国百佳图书出版单位"。

2. 编写人员专业。本丛书皆由相关法律领域内的专业人士编写,确保图书内容始终紧跟法治进程,反映最新立法动态,体现条文内涵。

3. 法律文本标准。作为专业的法律出版机构,多年来,我社始终使用全国人民代表大会常务委员会公报刊登的法律文本,积淀了丰富的标准法律文本资源,并根据立法进度及时更新相关内容。

4. 条文注解精准。本丛书以立法机关的解读为蓝本,给每个条文提炼出条文主旨,并对重点条文进行注释,使读者能精准掌握立法意图,轻松理解条文内容。

5. 配套附录实用。书末“附录”部分收录的均为重要的相关法律、法规和司法解释,有的分册还附有典型案例,使读者在使用中更为便捷,使全书更为实用。

需要说明的是,本丛书中“适用提要”“条文主旨”“条文注释”等内容皆是编者为方便读者阅读、理解而编写,不同于国家正式通过、颁布的法律文本,不具有法律效力。本丛书不足之处,恳请读者批评指正。

我们用心打磨本丛书,以期待为法律相关专业的学生释法解疑,致力于为每个公民的合法权益撑起法律的保护伞。

法律出版社法规中心

2025年2月

目　录

附录　相关法规

《中华人民共和国反间谍法》适用提要

反间谍斗争本质上是反渗透、反颠覆斗争，事关国家安全。2014 年 11 月 1 日，第十二届全国人民代表大会常务委员会第十一次会议审议通过了《中华人民共和国反间谍法》（以下简称《反间谍法》）[①]。《反间谍法》是在原国家安全法的基础上修订出台的，是规范和保障反间谍斗争的专门法律，为维护国家安全发挥了重要作用。

为适应新形势下落实总体国家安全观和反间谍斗争实践需要，中华人民共和国第十四届全国人民代表大会常务委员会第二次会议于 2023 年 4 月 26 日修订了《反间谍法》，自 2023 年 7 月 1 日起施行。

修订后的《反间谍法》共 6 章、71 条。主要修改内容包括：

（一）进一步强化党中央对反间谍工作的领导

（1）明确规定党中央对反间谍工作的集中统一领导，新增“坚持总体国家安全观”的指导思想和“标本兼治”的基本原则。（2）科学界定“间谍行为”，即①间谍组织及其代理人实施或者指使、资助他人实施，或者境内外机构、组织、个人与其相勾结实施的危害中华人民共和国国家安全的活动；②参加间谍组织或者接受

① 为便于阅读，本书中的法律规范性文件名称均使用简称。

间谍组织及其代理人的任务，或者投靠间谍组织及其代理人；③间谍组织及其代理人以外的其他境外机构、组织、个人实施或者指使、资助他人实施，或者境内机构、组织、个人与其相勾结实施的窃取、刺探、收买、非法提供国家秘密、情报以及其他关系国家安全和利益的文件、数据、资料、物品，或者策动、引诱、胁迫、收买国家工作人员叛变的活动；④间谍组织及其代理人实施或者指使、资助他人实施，或者境内外机构、组织、个人与其相勾结实施针对国家机关、涉密单位或者关键信息基础设施等的网络攻击、侵入、干扰、控制、破坏等活动；⑤为敌人指示攻击目标；⑥进行其他间谍活动。(3)建立健全国家层面的反间谍工作协调机制。(4)明确加强对国家安全机关工作人员的政治教育培训。

(二)完善反间谍安全防范规定

新增“安全防范”一章为第二章，明确了反间谍安全防范责任主体；各级人民政府和有关部门组织开展反间谍宣传教育的主体责任；重点单位、重点领域的安全防范责任和涉及国家安全事项的建设项目许可制度等。

(三)增加反间谍行政执法职权

本法第三章“调查处置”完善了反间谍调查措施，增加了查阅调取数据、传唤、财产信息查询、检查、不准出入境等行政执法职权。

(四)加强反间谍工作保障与监督

专设“保障与监督”一章为第四章，明确国家安全机关依法调查间谍行为，相关单位和人员应当提供必要的支持和协助；明确对相关人员予以保护、营救、补偿、安置、抚恤优待等规定；明确专业队伍建设相关要求；明确国家安全机关应当严格执行内部监督和安全审查制度，对其工作人员遵守法律和纪律等情况进行监督，并依法采取必要措施，定期或者不定期进行安全审查；明确对支持、协助国家安全机关工作或者依法检举、控告的个人和组织，任何个人和组织不得压制和打击报复。

（五）完善反间谍工作行政处罚种类和处理手段

本法第五章“法律责任”规定了通报批评、罚款、暂扣或者吊销许可证件等处罚种类，完善了行政拘留适用情形。

此外，学习《反间谍法》，除了要掌握《反间谍法》的条文内容外，还应当注意了解《反间谍法实施细则》《国家安全法》《国家情报法》《保守国家秘密法》等相关规定。

中华人民共和国反间谍法

（2014年11月1日第十二届全国人民代表大会常务委员会第十一次会议通过　2023年4月26日第十四届全国人民代表大会常务委员会第二次会议修订）

第一章　总　　则

第一条　【立法目的与依据】[①]为了加强反间谍工作，防范、制止和惩治间谍行为，维护国家安全，保护人民利益，根据宪法，制定本法。

条文注释[②]

本条是关于本法立法目的与立法依据的规定。

根据本条规定，本法的立法目的有以下几个：

(1)加强反间谍工作。反间谍工作应当依法进行，遵守法定的权限和程序，尊重和保障人权，保障个人和组织的合法权益。

(2)防范、制止和惩治间谍行为。间谍行为主要是指：①间谍组织及其代理人实施或者指使、资助他人实施，或者境内外机构、组织、个人与其相勾结实施的危害中华人民共和国国家安全的活动；②参加间谍组织或者接受间谍组织及其代理人的任务，或者投靠间谍组

①② 条文主旨、条文注释为编者所加，下同。——编者注

织及其代理人;③间谍组织及其代理人以外的其他境外机构、组织、个人实施或者指使、资助他人实施,或者境内机构、组织、个人与其相勾结实施的窃取、刺探、收买、非法提供国家秘密、情报以及其他关系国家安全和利益的文件、数据、资料、物品,或者策动、引诱、胁迫、收买国家工作人员叛变的活动;④间谍组织及其代理人实施或者指使、资助他人实施,或者境内外机构、组织、个人与其相勾结实施针对国家机关、涉密单位或者关键信息基础设施等的网络攻击、侵入、干扰、控制、破坏等活动;⑤为敌人指示攻击目标;⑥进行其他间谍活动。

(3)维护国家安全。国家安全,是指国家政权、主权、统一和领土完整、人民福祉、经济社会可持续发展和国家其他重大利益相对处于没有危险和不受内外威胁的状态,以及保障持续安全状态的能力。维护国家安全,根本的任务和目的是保卫人民民主专政的政权和中国特色社会主义制度,保护人民的根本利益,保障改革开放和社会主义现代化建设的顺利进行,实现中华民族伟大复兴。

(4)保护人民利益。人民的安全和利益是国家安全的核心,是国家安全活动和反间谍工作的根本目的,体现了以人为本、以民为本的安全观,体现了我国社会主义国家政权的民主本质。

第二条 【基本原则】反间谍工作坚持党中央集中统一领导,坚持总体国家安全观,坚持公开工作与秘密工作相结合、专门工作与群众路线相结合,坚持积极防御、依法惩治、标本兼治,筑牢国家安全人民防线。

条文注释

本条是关于反间谍工作基本原则的规定。

需要注意的是,总体国家安全观强调,要以人民安全为宗旨,以政治安全为根本,以经济安全为基础,以军事、文化、社会安全为保障,以促进国际安全为依托,走出一条中国特色国家安全道路。贯彻落实总体国家安全观,必须既重视外部安全,又重视内部安全,对内求发展、求变革、求稳定、建设平安中国,对外求和平、求合作、求共赢、建设和谐世界；既重视国土安全，又重视国民安全，坚持以民为本、以人为本，坚持国家安全一切为了人民、一切依靠人民，真正夯实国家安全的群众基础；既重视传统安全，又重视非传统安全，构建集政治安全、国土安全、军事安全、经济安全、文化安全、社会安全、科技安全、信息安全、生态安全、资源安全、核安全等于一体的国家安全体系；既重视发展问题，又重视安全问题，发展是安全的基础，安全是发展的条件，富国才能强兵，强兵才能卫国；既重视自身安全，又重视共同安全，打造命运共同体，推动各方朝着互利互惠、共同安全的目标相向而行。总体国家安全观强调坚持底线思维，强调增强忧患意识，勇于应对所面临的诸多挑战与风险，居安思危，始终绷紧国家安全这根弦，把保证国家安全作为头等大事。总体国家安全观突破了传统国家安全观的局限，摒弃零和思维，强调共同安全，打造国际安全和地区安全的命运共同体。根据总体国家安全观这一战略思想，必须以科学的顶层设计构建维护国家安全体系，健全国家安全领导体制，完善国家安全工作机制，推进国家安全法治建设，整合国家安全资源，推进国家安全能力建设。

关联法规

《国家安全法》第3、4条

《反间谍安全防范工作规定》第3条

第三条 【尊重和保障人权】反间谍工作应当依法进行，尊重和保障人权，保障个人和组织的合法权益。

条文注释

本条是关于反间谍工作应当依法尊重和保障人权的规定。

《宪法》第33条第3款规定："国家尊重和保障人权。"尊重和保障人权是社会主义法治的基本原则。人权是人之作为人都应该享有的权利，是现代社会的道德和法律对人的主体地位、尊严、自由和利益的最低限度的确认。基本人权包括生存权、平等权、社会保障权、环境权、自决权、发展权、知情权、接受公正审判权、安全权、基本自由、接受教育权以及和平权。国际公认，基本人权在人权中享有优先保障地位。本条规定体现了现代法治精神，有利于在反间谍工作中实现和保障人权，有效提升国家安全法治化水平。

关联法规

《国家安全法》第7条

第四条 【间谍行为】本法所称间谍行为，是指下列行为：

（一）间谍组织及其代理人实施或者指使、资助他人实施，或者境内外机构、组织、个人与其相勾结实施的危害中华人民共和国国家安全的活动；

（二）参加间谍组织或者接受间谍组织及其代理人的任务，或者投靠间谍组织及其代理人；

（三）间谍组织及其代理人以外的其他境外机构、组织、个人实施或者指使、资助他人实施，或者境内机构、组织、个人与其相勾结实施的窃取、刺探、收买、非法提供国家秘密、情报以及其他关系国家安全和利益的文件、数据、资料、物品，或者策动、引诱、胁迫、收买国家工作人员叛变的活动；

（四）间谍组织及其代理人实施或者指使、资助他人实施，或者境内外机构、组织、个人与其相勾结实施针对国家机关、涉密单位或者关键信息基础设施等的网络攻击、侵入、干扰、控制、破坏等活动；

（五）为敌人指示攻击目标；

（六）进行其他间谍活动。

间谍组织及其代理人在中华人民共和国领域内，或者利用中华人民共和国的公民、组织或者其他条件，从事针对第三国的间谍活动，危害中华人民共和国国家安全的，适用本法。

条文注释

本条是关于间谍行为的规定。

本条第1款是关于间谍行为具体方式的规定。本款共列出6项

具体行为,分别为:

(1)间谍组织及其代理人实施或者指使、资助他人实施,或者境内外机构、组织、个人与其相勾结实施的危害中华人民共和国国家安全的活动。“间谍组织”,是指外国政府或者境外的敌对势力建立的旨在收集我国政治、经济、军事等方面的国家秘密、情报等信息,或者对我国进行颠覆、破坏等活动,以危害我国国家安全和利益作为其主要任务的组织。“间谍组织代理人”,是指受间谍组织或者其成员的指使、委托、资助,进行或者授意、指使他人进行危害中华人民共和国国家安全活动的人。“境外机构、组织”包括境外机构、组织在中华人民共和国境内设立的分支(代表)机构和分支组织;“境外个人”包括居住在中华人民共和国境内不具有中华人民共和国国籍的人。“资助”实施危害中华人民共和国国家安全的间谍行为,是指境内外机构、组织、个人的下列行为:①向实施间谍行为的组织、个人提供经费、场所和物资的;②向组织、个人提供用于实施间谍行为的经费、场所和物资的。“勾结”实施危害中华人民共和国国家安全的间谍行为,是指境内外组织、个人的下列行为:①与境外机构、组织、个人共同策划或者进行危害国家安全的间谍活动的;②接受境外机构、组织、个人的资助或者指使,进行危害国家安全的间谍活动的;③与境外机构、组织、个人建立联系,取得支持、帮助,进行危害国家安全的间谍活动的。

(2)参加间谍组织或者接受间谍组织及其代理人的任务,或者投靠间谍组织及其代理人。“参加间谍组织”,是指行为人通过一定的程序或者手续正式加入间谍组织,成为间谍组织成员的行为。行为人只要有参加间谍组织的行为,无论其参加后是否实施了具体的间谍活动,都属于间谍行为。即参加间谍组织后即行潜伏的,不影响其间谍行为的成立。“接受间谍组织及其代理人的任务”,是指受间谍组织及其代理人的命令、派遣、指使、委托,为间谍组织及其代理人服务,从事进行危害我国国家安全的活动。行为人只要实施了接受间谍组织及其代理人任务的行为,无论其是否参加间谍组织,都不影响其间谍行为的成立。“投靠”是指明知对方为间谍组织及其代理人，还主动与其接触和联系，加入间谍组织或者认领间谍组织及其代理人任务的行为。

(3)间谍组织及其代理人以外的其他境外机构、组织、个人实施或者指使、资助他人实施，或者境内机构、组织、个人与其相勾结实施的窃取、刺探、收买、非法提供国家秘密、情报以及其他关系国家安全和利益的文件、数据、资料、物品，或者策动、引诱、胁迫、收买国家工作人员叛变的活动。“窃取”是指行为人采用各种秘密手段，如盗窃、偷拍、偷录、拦截等行为而取得国家秘密、情报等的行为。“刺探”是指行为人通过各种途径和手段非法探知国家秘密、情报等的行为。“收买”是指行为人以提供金钱、财物或者其他财产性利益的方法，获取国家秘密、情报等的行为。“非法提供”是指知悉国家秘密、情报等的人，将自己知悉管理、持有的国家秘密、情报等，以非法出售、交付、出借、告知等方式提供给其他不应知悉该秘密、情报等的人员的行为。“国家秘密”，应当根据《保守国家秘密法》等相关法律法规确定。根据《保守国家秘密法》第2条的规定，国家秘密是关系国家安全和利益，依照法定程序确定，在一定时间内只限一定范围的人员知悉的事项。“策动”，是指策划、鼓动、诱使他人叛变的行为。“引诱”，是指以名利、地位等手段勾引他人叛变的行为。“胁迫”，是指以暴力或者其他手段威胁、强迫他人实施某种行为，具体是指以实施暴力侵害、揭露隐私、污点或者对其家庭成员实施侵害行为等进行威胁的行为。“收买”，是指以金钱、财物或者其他财产性利益等方法诱使他人叛变的行为。根据《刑法》第93条的规定，“国家工作人员”，是指国家机关中从事公务的人员。国有公司、企业、事业单位、人民团体中从事公务的人员和国家机关、国有公司、企业、事业单位委派到非国有公司、企业、事业单位、社会团体从事公务的人员，以及其他依照法律从事公务的人员，以国家工作人员论。“叛变”是指背叛祖国，投靠敌国、敌方，出卖国家和人民利益的变节行为。

(4)间谍组织及其代理人实施或者指使、资助他人实施，或者境内外机构、组织、个人与其相勾结实施针对国家机关、涉密单位或者关键信息基础设施等的网络攻击、侵入、干扰、控制、破坏等活动。“国家机关”，是指管理国家某一方面事务的具体工作部门，包括各级国家权力机关、党政机关、司法机关和军事机关。“涉密单位”即产生、处理、保存国家秘密的单位。根据《关键信息基础设施安全保护条例》第2条的规定，“关键信息基础设施”是指公共通信和信息服务、能源、交通、水利、金融、公共服务、电子政务、国防科技工业等重要行业和领域的，以及其他一旦遭到破坏、丧失功能或者数据泄露，可能严重危害国家安全、国计民生、公共利益的重要网络设施、信息系统等。“网络攻击”是指通过计算机网络信息技术直接或者间接对特定目标采取打击，以达到使特定目标受损、超负荷运转、瘫痪、失常、被侵入的目的。“网络侵入”是指未经授权或者同意，通过计算机网络技术进入对象目标的计算机信息系统。“网络侵入”行为常具有隐蔽性，可能长期静默、引而不发，从而造成被窃密或者在关键时刻遭到破坏等巨大危害。“网络干扰”是指通过计算机网络技术手段扰乱对象目标的正常秩序或者相关部署。“网络控制”是指通过计算机网络技术锁定、劫持、操控他人的计算信息系统，并且通过使用该计算机信息系统控制人的意图开展活动。

(5)为敌人指示攻击目标。“为敌人指示攻击目标”，是指引导敌人的军事攻击等破坏活动，或者为其提供、标示相关目标信息的行为。“指示”的具体方式多种多样，既包括通过发送情报、发射信号弹、燃烧明火等传统的指示方式，也包括激光引导、数字定位及其他技术手段等新的指示方式。“攻击”，包括各类通过人员和使用武器进行的武力袭击等活动。

(6)进行其他间谍活动。此项属于兜底性规定，即除上述五种情形以外的其他间谍活动。

本条第2款规定，“间谍组织及其代理人在中华人民共和国领域内，或者利用中华人民共和国的公民、组织或者其他条件，从事针对第三国的间谍活动，危害中华人民共和国国家安全的，适用本法”。第三国间谍行为并不直接针对我国，但是因为其活动发生于我国领域内，或者利用了我国的公民、组织或者其他条件，容易对我国国家安全、外交大局等造成现实影响和实质危害。如果受损害的国家认为我国默许甚至支持对其开展间谍行为，或者误认为是我国的行为等，都会造成外交上的被动局面。

关联法规

《反间谍法实施细则》第3～7条

《最高人民法院关于审理为境外窃取、刺探、收买、非法提供国家秘密、情报案件具体应用法律若干问题的解释》

第五条 【统筹协调】国家建立反间谍工作协调机制，统筹协调反间谍工作中的重大事项，研究、解决反间谍工作中的重大问题。

条文注释

本条是关于国家建立反间谍工作协调机制，统筹协调反间谍工作中的重大事项的规定。

反间谍工作涉及军事、外交、国防、情报、安全、内政、经济发展等众多部门，在工作配合中，常常产生部门利益化、情报信息沟通不畅、协调不力甚至相互掣肘等问题，必须建立权威高效、协调有力的制度机制，减少决策和执行的成本。

《国家安全法》第11条中规定，一切国家机关和武装力量都有维护国家安全的责任。第41条规定，人民法院、人民检察院依法惩治危害国家安全的犯罪。第75条规定，国家安全机关、公安机关、有关军事机关开展国家安全专门工作，有关部门和地方应当在职责范围内提供支持和配合。第80条规定，公民和组织支持、协助国家安全工作，需要予以保护的，公安机关、国家安全机关应当会同有关部门依法采取保护措施。这些规定都具体体现了专门机关与有关部门相结合的原则。

关联法规

《国家安全法》第5条

《刑法》第107条

典型案例 ①

李某某资助危害国家安全犯罪活动案②

裁判理由

根据《刑法》第一百零七条的规定，资助危害国家安全犯罪活动罪，是指境内外机构、组织或者个人资助实施背叛国家、分裂国家、煽动分裂国家、武装叛乱、暴乱、颠覆国家政权、煽动颠覆国家政权的行为。背叛国家、分裂国家、煽动分裂国家、武装叛乱、暴乱、颠覆国家政权、煽动颠覆国家政权的行为都是对国家安全具有重大危害的犯罪，对这些危害国家安全的犯罪活动进行资助，实际上就是帮助犯，资助行为与被资助的危害国家安全犯罪活动侵害的目标是一致的，都是国家安全。本罪的犯罪主体为境内外机构、组织或者个人，实际上是一般主体，不仅包括境内机构、组织、个人，而且包括境外机构、组织、个人。《刑法》第六条规定，凡在中华人民共和国领域内犯罪的，除法律有特别规定的以外，都适用中国《刑法》；犯罪的行为或者结果有一项发生在中华人民共和国领域内的，就认为是在中华人民共和国领域内犯罪。资助危害国家安全犯罪活动，无论资助行为发生在国内还是国外，因资助的结果发生在中国领域内，所以属于在中国领域内犯罪，适用中国《刑法》。

本案中，被告人李某某明知杨某某在境外实施危害我国国家安全的犯罪活动仍向杨某某提供资助，资助杨某某实施了一系列危害我国国家安全的犯罪活动，给我国的国家安全造成严重危害，其行为符合《刑法》规定的

① 因篇幅有限，请扫描侧边有章二维码阅读全文，下同。——编者注

② 参见《最高法发布平安中国建设第一批典型案例》，载中国法院网，https://www.chinacourt.org/article/detail/2021/12/id/6466259.shtml。

资助危害国家安全犯罪活动罪的构成要件，依法应以资助危害国家安全犯罪活动罪定罪处罚。

第六条　【主管机关】国家安全机关是反间谍工作的主管机关。

公安、保密等有关部门和军队有关部门按照职责分工，密切配合，加强协调，依法做好有关工作。

条文注释

本条是关于反间谍工作主管机关的规定。

本条第1款规定，国家安全机关是反间谍工作的主管机关。关于国家安全机关的职权，根据《全国人民代表大会常务委员会关于国家安全机关行使公安机关的侦查、拘留、预审和执行逮捕的职权的决定》的规定，国家安全机关，承担原由公安机关主管的间谍、特务案件的侦查工作，是国家公安机关的性质，因而国家安全机关可以行使宪法和法律规定的公安机关的侦查、拘留、预审和执行逮捕的职权。《国家安全法》第42条第1款规定，国家安全机关、公安机关依法搜集涉及国家安全的情报信息，在国家安全工作中依法行使侦查、拘留、预审和执行逮捕以及法律规定的其他职权。

本条第2款规定，公安、保密等有关部门和军队有关部门按照职责分工，密切配合，加强协调，依法做好有关工作。"按照职责分工"，是指上述各部门按照法律和有关规定的职责划分，把自己职责范围内的任务完成好。"密切配合、加强协调，依法做好有关工作"，是指上述各部门在反间谍工作中，应顾全大局，从维护国家安全和利益的角度出发，在开展好各自职责领域内的工作的基础上，协调一致，互联互通，互相帮助，互相支援，避免出现责任不清、擅自越权或者互相扯皮等情况，依法行使职权。《国家安全法》第52条第1款规定，国家安全机关、公安机关、有关军事机关根据职责分工，依法搜集涉及国家安全的情报信息。第75条规定，国家安全机关、公安机关、有关军事机关开展国家安全专门工作，有关部门和地方应当在职责范围内提供支持和配合。第80条规定，公民和组织支持、协助国家安全工作，需要予以保护的，公安机关、国家安全机关应当会同有关部门依法采取保护措施。这些规定都体现了主管机关与有关部门按照职责分工密切配合的原则。

关联法规

《国家安全机关办理刑事案件程序规定》

《反间谍安全防范工作规定》第5、7条

第七条　【公民、国家机关及各单位的义务】中华人民共和国公民有维护国家的安全、荣誉和利益的义务，不得有危害国家的安全、荣誉和利益的行为。

一切国家机关和武装力量、各政党和各人民团体、企业事业组织和其他社会组织，都有防范、制止间谍行为，维护国家安全的义务。

国家安全机关在反间谍工作中必须依靠人民的支持，动员、组织人民防范、制止间谍行为。

条文注释

本条是关于公民、国家机关及各单位的义务的规定。

1. 关于公民在反间谍工作中的义务。本条第1款规定，中华人民共和国公民有维护国家的安全、荣誉和利益的义务，不得有危害国家的安全、荣誉和利益的行为。《宪法》第54条亦规定，"中华人民共和国公民有维护祖国的安全、荣誉和利益的义务，不得有危害祖国的安全、荣誉和利益的行为"。国家安全关乎国家核心利益，在反间谍工作中，应当强调每一位公民维护国家安全的义务和责任。

2. 关于国家机关及各单位在反间谍工作中的义务。本条第2款规定，一切国家机关和武装力量、各政党和各人民团体、企业事业组织和其他社会组织，都有防范、制止间谍行为，维护国家安全的义务。《国家安全法》第11条中规定，一切国家机关和武装力量、各政党和各人民团体、企业事业组织和其他社会组织，都有维护国家安全的责任和义务。《反间谍安全防范工作规定》第4条规定，机关、团体、企业事业组织和其他社会组织承担本单位反间谍安全防范工作的主体责任，应当对本单位的人员进行维护国家安全的教育，动员、组织本单位的人员防范、制止间谍行为和其他危害国家安全的行为。行业主管部门在其职权范围内，监督管理本行业反间谍安全防范工作。

3. 关于国家安全机关在反间谍工作中必须依靠人民的支持，动员、组织人民防范、制止间谍行为的规定。本条第3款规定的国家安全机关在反间谍工作中“必须依靠人民的支持”，是指国家安全机关在反间谍工作中不能只靠自己的力量而必须要相信群众，依靠群众，获得人民的理解和支持，将专门机关的工作与人民群众的支持紧密结合起来。“动员、组织人民防范、制止间谍行为”，是指国家安全机关在防范、制止和惩治间谍行为，维护国家安全的工作中要始终注意发动群众，组织群众，让人民群众自觉地同间谍行为作斗争，从而有效、及时地防范、制止间谍行为。

关联法规

《反间谍安全防范工作规定》第4、7、8条

《国家安全法》第11条

第八条　【支持、协助反间谍工作】任何公民和组织都应当依法支持、协助反间谍工作，保守所知悉的国家秘密和反间谍工作秘密。

条文注释

本条是关于任何公民和组织应当支持、协助反间谍工作的规定。

本条中规定，任何公民和组织都应当依法支持、协助反间谍工作，其中的“依法支持、协助反间谍工作”是指依照本法等法律规定，在国家安全机关的工作人员依法执行有关反间谍工作任务时，有关公民和组织应当依法提供有关支持、帮助或者条件。根据本法等法律规定，这些支持、协助行为包括：在国家安全机关等依法执行反间谍工作任务时，有关部门和公民个人根据需要应当允许执法人员进

入有关场所;在符合本法规定的程序的情况下,应当允许执法人员进入限制进入的有关地区、场所和单位;对于确需查验个人和组织的电子设备、设施及有关程序、工具,查阅、调取有关文件、数据、资料、物品的,应当依法配合。因反间谍工作的需要,使用交通工具、通信工具、场地和建筑物的,也应当提供优先使用。交通部门包括铁路、民航、水上航运、公共电汽车等部门,对于依法执行紧急反间谍任务的,根据需要,应当允许优先乘坐交通工具、优先通行。国家安全机关因反间谍工作需要,根据国家有关规定,可以提请海关、移民管理等检查机关对有关人员提供通关便利,对有关资料、器材等予以免检,有关检查机关应当依法予以协助。对于国家安全机关因反间谍工作需要采取技术侦察措施的,有关部门和公民个人也应当提供必要条件。

此外,根据本条规定,有关公民、组织依法支持协助国家安全机关工作人员执行反间谍工作的同时,还要自觉恪守有关的保密义务。关于公民和组织要保守所知悉的国家秘密和反间谍工作秘密的义务,《国家安全法》第 77 条规定,公民和组织应当履行维护国家安全的义务,包括向国家安全机关、公安机关和有关军事机关提供必要的支持和协助,保守所知悉的国家秘密等。保守所知悉的国家秘密和反间谍工作秘密的义务主体是指任何公民和组织。根据《保守国家秘密法》第 2 条的规定,国家秘密是关系国家安全和利益,依照法定程序确定,在一定时间内只限一定范围的人员知悉的事项。本条所说的"保守所知悉的国家秘密",是指每个公民和组织对于从各种渠道得知的任何国家秘密,都不得以任何方式扩散或传播,对秘密文件要妥善保管,不得遗失,严格依照《保守国家秘密法》的规定办事。涉及的"国家秘密"既包括公民和组织在履行反间谍工作职责中知悉的国家秘密,也包括公民和组织在协助国家安全机关工作等情况下知晓的国家秘密。

关联法规

《保守国家秘密法》第 5 条

《反间谍安全防范工作规定》第 6 条

第九条　【保护和奖励】国家对支持、协助反间谍工作的个人和组织给予保护。

对举报间谍行为或者在反间谍工作中做出重大贡献的个人和组织，按照国家有关规定给予表彰和奖励。

条文注释

本条是关于反间谍工作中对相关个人和组织的保护和奖励的规定。

本条第1款规定，国家对支持、协助反间谍工作的个人和组织给予保护。具体措施包括：(1)国家安全机关以及依法知情的其他组织和个人应当严格为举报人保密，未经举报人同意，不得以任何方式泄露举报人身份相关信息。(2)因举报危害国家安全行为，举报人本人或者其近亲属的人身安全面临危险的，可以向国家安全机关请求予以保护。国家安全机关应当会同有关部门依法采取有效保护措施。国家安全机关认为有必要的，应当依职权及时、主动采取保护措施。

本条第2款规定，对举报间谍行为或者在反间谍工作中做出重大贡献的个人和组织，按照国家有关规定给予表彰和奖励。根据《公民举报危害国家安全行为奖励办法》第8～10条的规定，获得举报奖励应当同时符合下列条件：(1)有明确的举报对象，或者具体的危害国家安全行为线索或者情况；(2)举报事项事先未被国家安全机关掌握，或者虽被国家安全机关有所掌握，但举报人提供的情况更为具体详实；(3)举报内容经国家安全机关查证属实，为防范、制止和惩治危害国家安全行为发挥了作用、作出了贡献。有下列情形之一的，不予奖励或者不予重复奖励：(1)国家安全机关工作人员或者其他具有法定职责的人员举报的，不予奖励；(2)无法验证举报人身份，或者无法与举报人取得联系的，不予奖励；(3)最终认定的违法事实与举报事项不一致的，不予奖励；(4)对同一举报人的同一举报事项，不予重复奖励；对同一举报人提起的两个或者两个以上有包含关系的举报事项，相同内容部分不予重复奖励；(5)经由举报线索调查发现新的危害国家安全行为或者违法主体的，不予重复奖励;(6)其他不符合法律法规规章规定的奖励情形。两人及两人以上举报的,按照下列规则进行奖励认定:(1)同一事项由两个及两个以上举报人分别举报的,奖励最先举报人,举报次序以国家安全机关受理举报的登记时间为准,最先举报人以外的其他举报人可以酌情给予奖励;(2)两人及两人以上联名举报同一线索或者情况的,按同一举报奖励。

另外,根据《反间谍法实施细则》第16条的规定,以下情形属于本条中的"重大贡献":(1)为国家安全机关提供重要线索,发现、破获严重危害国家安全的犯罪案件的;(2)为国家安全机关提供重要情况,防范、制止严重危害国家安全的行为发生的;(3)密切配合国家安全机关执行国家安全工作任务,表现突出的;(4)为维护国家安全,与危害国家安全的犯罪分子进行斗争,表现突出的;(5)在教育、动员、组织本单位的人员防范、制止危害国家安全行为的工作中,成绩显著的。

关联法规

《国家安全法》第12条

《反间谍法实施细则》第16条

《公民举报危害国家安全行为奖励办法》

第十条　【追究境外机构、组织、个人的法律责任】境外机构、组织、个人实施或者指使、资助他人实施的,或者境内机构、组织、个人与境外机构、组织、个人相勾结实施的危害中华人民共和国国家安全的间谍行为,都必须受到法律追究。

条文注释

本条是关于追究境外机构、组织、个人实施危害中华人民共和国国家安全的间谍行为的法律责任的规定。

本条对进行危害我国国家安全的间谍行为作了明确的禁止性规定。其包括以下两个方面的内容:

一是间谍行为的主体及其涉外特征,即明确了本法的适用范围:境外机构、组织、个人实施或者指使、资助他人实施的,或者境内机构、组织、个人与境外机构、组织、个人相勾结实施的危害中华人民共和国国家安全的间谍行为。有境外势力参与的因素，是间谍行为区别于其他危害国家安全行为的显著特征。

二是本条明确规定了一切危害中华人民共和国国家安全的间谍行为，都必须受到法律追究。第一，本条对间谍行为的主体及其涉境外特征作了规定，有三个层次的内容，即(1)境外机构、组织、个人实施的间谍行为；(2)境外机构、组织、个人指使、资助他人实施的间谍行为；(3)境内机构、组织、个人与境外机构、组织、个人相勾结实施的间谍行为。这是间谍行为区别于其他非法获取、泄露国家秘密等行为的重要特征。第二，本条规定一切危害中华人民共和国国家安全的间谍行为，都必须受到法律追究。即无论什么人，无论其是外国人还是中国人，只要违反了中国法律，实施了危害中华人民共和国国家安全的间谍行为，都必须受到法律追究。本条中的“间谍行为”本法第4条已经明确，在此不作赘述。

关联法规

《刑法》第110、111、113条

第十一条　【国家安全机关及其工作人员的职责】国家安全机关及其工作人员在工作中，应当严格依法办事，不得超越职权、滥用职权，不得侵犯个人和组织的合法权益。

国家安全机关及其工作人员依法履行反间谍工作职责获取的个人和组织的信息，只能用于反间谍工作。对属于国家秘密、工作秘密、商业秘密和个人隐私、个人信息的，应当保密。

条文注释

本条是关于国家安全机关及其工作人员的职责的规定。

本条第1款规定，国家安全机关及其工作人员在工作中，应当严格依法办事，不得超越职权、滥用职权，不得侵犯个人和组织的合法权益。本款中的“严格依法办事”，就是要严格依照我国《刑法》《刑事诉讼法》等法律的有关规定办事，特别是按照本法规定的职权和程序、条件依法行使职权和办事，主要包括以下几个方面的内容：第一，国家安全机关及其工作人员对于间谍犯罪行为和本法规定的其他违法行为,必须采取防范和制止的措施,对于不属于违法犯罪的行为,不能行使侦查、拘留、预审和执行逮捕的权力。第二,对于间谍犯罪行为,行使侦查、拘留、预审和执行逮捕权力时,必须严格依照《刑事诉讼法》规定的程序办事。第三,在反间谍工作中行使权力,只能行使法律规定的权力,法律没有规定的,不得行使。第四,国家安全机关工作人员在反间谍工作中,要严格履行职务,不得玩忽职守、徇私舞弊,不得刑讯逼供、非法拘禁,更不得窝藏、包庇违法犯罪分子。

另外,需要注意的是,国家安全机关及其工作人员在执行工作任务、制止和防范间谍行为的同时,必须注意保护有关组织和公民的合法权益,如在反间谍工作中,优先使用或者依法征用国家机关、人民团体、企业事业单位及个人的交通工具、通信工具、场地等的,在任务完成后应当及时归还或者恢复原状,并依照相关规定支付相应费用;造成损失的,应当补偿。对故意侵犯有关组织和公民的合法权益的行为,应当承担法律责任。

本条第 2 款规定,国家安全机关及其工作人员依法履行反间谍工作职责获取的个人和组织的信息,只能用于反间谍工作。对属于国家秘密、工作秘密、商业秘密和个人隐私、个人信息的,应当保密。“工作秘密”是指涉及相关重要工作,不宜为外部知晓的内部事项。“商业秘密”是指不为公众所知悉,能为权利人带来经济利益,具有实用性并经权利人采取保密措施的技术信息和经营信息。“个人隐私”是指个人生活中不愿公开或不愿为他人知悉的秘密。国家秘密关系国家安全和利益,商业秘密关系权利人的经济利益,隐私权是个人的重要人身权利。“个人信息”是指以电子或者其他方式记录的与已识别或者可识别的自然人有关的各种信息,不包括匿名化处理后的信息。《保守国家秘密法》《刑法》《刑事诉讼法》《民法典》等法律对国家秘密、商业秘密、个人隐私等的保护作了规定。《反间谍安全防范工作规定》第 6 条也规定,“国家安全机关及其工作人员对履行反间谍安全防范指导和检查工作职责中知悉的国家秘密、工作秘密、商业秘密、个人隐私和个人信息,应当严格保密,不得泄露或者向他人非法提供”。

关联法规

《刑法》第219、253条之一、397～399条

《保守国家秘密法》

《反间谍安全防范工作规定》第6条

第二章　安全防范

第十二条　【安全防范的主体责任】国家机关、人民团体、企业事业组织和其他社会组织承担本单位反间谍安全防范工作的主体责任，落实反间谍安全防范措施，对本单位的人员进行维护国家安全的教育，动员、组织本单位的人员防范、制止间谍行为。

地方各级人民政府、相关行业主管部门按照职责分工，管理本行政区域、本行业有关反间谍安全防范工作。

国家安全机关依法协调指导、监督检查反间谍安全防范工作。

条文注释

本条是关于国家机关、人民团体、企业事业组织和其他社会组织承担本单位反间谍安全防范工作主体责任的规定。

本条第1款规定，国家机关、人民团体、企业事业组织和其他社会组织承担本单位反间谍安全防范工作的主体责任，落实反间谍安全防范措施，对本单位的人员进行维护国家安全的教育，动员、组织本单位的人员防范、制止间谍行为。这里的“国家机关”包括国家各级权力机关、行政机关、监察机关、司法机关以及军事机关等。“人民团体”也是承担反间谍安全防范工作的重要组成部分，是1949年前后在共产党领导下建立起来的统一战线组织，各人民团体的成员基本涵盖了各种主要统战对象(工人、青年、妇女、科学家与工程师、商人、华侨、文艺界等)。“企业事业组织”是指国有企业、集体所有制企业、私营企业、股份制企业等不同经营形式的企业，以及属于事

业单位性质的各种组织、机构。“其他社会组织”是指除国家机关、人民团体、企业事业组织以外的依法或者根据有关政策设立，有一定的组织机构和财产的各类组织、机构。根据《反间谍安全防范工作规定》第8条的规定，机关、团体、企业事业组织和其他社会组织应当落实反间谍安全防范主体责任，履行下列义务：(1)开展反间谍安全防范教育、培训，提高本单位人员的安全防范意识和应对能力；(2)加强本单位反间谍安全防范管理，落实有关安全防范措施；(3)及时向国家安全机关报告涉及间谍行为和其他危害国家安全行为的可疑情况；(4)为国家安全机关依法执行任务提供便利或者其他协助；(5)妥善应对和处置涉及本单位和本单位人员的反间谍安全防范突发情况；(6)其他应当履行的反间谍安全防范义务。

本条第2款规定，地方各级人民政府、相关行业主管部门按照职责分工，管理本行政区域、本行业有关反间谍安全防范工作。关于地方各级人民政府按照职责分工，管理本行政区域有关反间谍安全防范工作，《国家安全法》第40条规定，“地方各级人民代表大会和县级以上地方各级人民代表大会常务委员会在本行政区域内，保证国家安全法律法规的遵守和执行。地方各级人民政府依照法律法规规定管理本行政区域内的国家安全工作。香港特别行政区、澳门特别行政区应当履行维护国家安全的责任”。关于相关行业主管部门按照职责分工，管理本行业有关反间谍安全防范工作，《反间谍安全防范工作规定》第7条规定，“行业主管部门应当履行下列反间谍安全防范监督管理责任：(一)根据主管行业特点，明确本行业反间谍安全防范工作要求；(二)配合国家安全机关制定主管行业反间谍安全防范重点单位名录、开展反间谍安全防范工作；(三)指导、督促主管行业所属重点单位履行反间谍安全防范义务；(四)其他应当履行的反间谍安全防范行业管理责任。有关行业主管部门应当与国家安全机关建立健全反间谍安全防范协作机制，加强信息互通、情况会商、协同指导、联合督查，共同做好反间谍安全防范工作”。

本条第3款规定，国家安全机关依法协调指导、监督检查反间谍安全防范工作。关于协调指导制度，《反间谍安全防范工作规定》第

11条规定:“国家安全机关可以通过下列方式,对机关、团体、企业事业组织和其他社会组织落实反间谍安全防范责任进行指导:(一)提供工作手册、指南等宣传教育材料;(二)印发书面指导意见;(三)举办工作培训;(四)召开工作会议;(五)提醒、劝告;(六)其他指导方式。”关于监督检查制度,《反间谍安全防范工作规定》第21条规定:“国家安全机关对有下列情形之一的,经设区的市级以上国家安全机关负责人批准,并出具法律文书,可以对机关、团体、企业事业组织和其他社会组织开展反间谍安全防范检查:(一)发现反间谍安全防范风险隐患;(二)接到反间谍安全防范问题线索举报;(三)依据有关单位的申请;(四)因其他反间谍安全防范工作需要。”第22条规定:“国家安全机关可以通过下列方式对机关、团体、企业事业组织和其他社会组织的反间谍安全防范工作进行检查:(一)向有关单位和人员了解情况;(二)调阅有关资料;(三)听取有关工作说明;(四)进入有关单位、场所实地查看;(五)查验电子通信工具、器材等设备、设施;(六)反间谍技术防范检查和检测;(七)其他法律、法规、规章授权的检查方式。”

关联法规

《国家安全法》第15、39、40、78条

《保守国家秘密法》第6条

《反间谍安全防范工作规定》第2、4、5、7、8、11、21、22条

第十三条 【宣传教育责任】各级人民政府和有关部门应当组织开展反间谍安全防范宣传教育,将反间谍安全防范知识纳入教育、培训、普法宣传内容,增强全民反间谍安全防范意识和国家安全素养。

新闻、广播、电视、文化、互联网信息服务等单位,应当面向社会有针对性地开展反间谍宣传教育。

国家安全机关应当根据反间谍安全防范形势,指导有关单位开展反间谍宣传教育活动,提高防范意识和能力。

条文注释

本条是关于各级人民政府和有关部门,新闻、广播、电视、文化、互联网信息服务等单位有开展反间谍安全防范宣传教育活动责任的规定。

本条第1款是关于各级人民政府和有关部门在反间谍安全防范宣传教育中的职责的规定。主要包含以下三个方面的内容:第一,各级人民政府和有关部门是反间谍安全防范宣传教育的主要力量。各级人民政府是指国务院、省级人民政府直至乡级人民政府。有关部门是指具有反间谍安全防范宣传教育职责的部门和组织,包括宣传主管部门,国家安全机关,审判机关,检察机关,公安机关,司法行政机关,网信、电信、教育部门等。第二,开展反间谍安全防范宣传教育的方式应多样化。各级人民政府和有关部门应采取多种形式进行宣传教育,通过播放警示教育题材的音视频资料、举办展览、张贴宣传标语、表彰反间谍工作先进集体和个人等群众喜欢参与的各种形式。第三,反间谍安全防范宣传教育的内容应深入全面。间谍行为手段及表现形式可以作为重点宣传,如刺探、窃照、潜伏、金钱收买、感情腐蚀、色情引诱、网络勾结等,以及引导广大群众积极举报可能有损国家安全的行为。

本条第2款是关于新闻、广播、电视、文化、互联网信息服务等单位在开展反间谍宣传教育工作中的职责的规定。《反间谍安全防范工作规定》第17条规定:"国家安全机关会同宣传主管部门,协调和指导广播、电视、报刊、互联网等媒体开展反间谍安全防范宣传活动,制作、刊登、播放反间谍安全防范公益广告、典型案例、宣传教育节目或者其他宣传品,提高公众反间谍安全防范意识。"《反恐怖主义法》第17条第3款规定:"新闻、广播、电视、文化、宗教、互联网等有关单位,应当有针对性地面向社会进行反恐怖主义宣传教育。"《反有组织犯罪法》第10条第3款规定:"新闻、广播、电视、文化、互联网信息服务等单位,应当有针对性地面向社会开展反有组织犯罪宣传教育。"由以上规定可知,新闻、广播、电视、文化、互联网信息服务等单位作为党和国家政策的重要媒介,面向社会公众有针对性地开展宣传教育是这些媒体单位的义务和责任。

本条第3款是关于国家安全机关负责指导开展反间谍宣传教育活动的规定。国家安全机关应当根据反间谍安全防范形势,指导有关单位开展反间谍宣传教育活动,提高防范意识和能力。这是国家安全机关开展反间谍安全防范宣传教育工作中的一项专门性职责。作为维护国家安全的专门机关,其不仅具有相应的反间谍专业知识和能力,还具有丰富的反间谍实践经验,通过国家安全机关对有关单位开展的反间谍宣传教育活动进行指导,能够使反间谍安全防范宣传教育更具实效性和针对性。对国家机关、人民团体、企业事业组织及其他社会组织的指导包括但不限于提供工作手册指南等宣传教育材料,印发书面指导意见,举办工作培训,召开工作会议等方式。另外,国家安全机关对有关单位在反间谍宣传教育的内容、方向等方面的专业指导,是根据国家反间谍安全防范形势来动态调整的。当出现新的间谍行为或者方式,就应当及时作出有针对性的反间谍宣传教育活动的指导。

关联法规

《国家安全法》第76条

《反间谍安全防范工作规定》第12~17条

第十四条 【不得非法获取、持有国家秘密】任何个人和组织都不得非法获取、持有属于国家秘密的文件、数据、资料、物品。

条文注释

本条是关于任何个人和组织都不得非法获取、持有国家秘密的规定。

根据《反间谍法实施细则》第17条的规定,非法持有属于国家秘密的文件、资料和其他物品是指:(1)不应知悉某项国家秘密的人员携带、存放属于该项国家秘密的文件、资料和其他物品的;(2)可以知悉某项国家秘密的人员,未经办理手续,私自携带、留存属于该项国家秘密的文件、资料和其他物品的。如果个人和组织非法获取了国家秘密,则本法第61条规定,非法获取、持有属于国家秘密的文件、数据、资料、物品,以及非法生产、销售、持有、使用专用间谍器材,尚不构成犯罪的,由国家安全机关予以警告或者处10日以下行政拘留。构成犯罪的,可以根据《刑法》第282条的规定追究刑事责任,即“以窃取、刺探、收买方法,非法获取国家秘密的,处三年以下有期徒刑、拘役、管制或者剥夺政治权利;情节严重的,处三年以上七年以下有期徒刑。非法持有属于国家绝密、机密的文件、资料或者其他物品,拒不说明来源与用途的,处三年以下有期徒刑、拘役或者管制”。

关联法规

《反间谍法实施细则》第17条

《刑法》第282条

《保守国家秘密法》

《保守国家秘密法实施条例》

第十五条 【不得非法生产、销售、持有、使用专用间谍器材】任何个人和组织都不得非法生产、销售、持有、使用间谍活动特殊需要的专用间谍器材。专用间谍器材由国务院国家安全主管部门依照国家有关规定确认。

条文注释

本条是关于任何个人和组织不得非法生产、销售、持有、使用专用间谍器材以及国务院国家安全主管部门依法认定专用间谍器材的规定。

根据《反间谍法实施细则》第18条的规定,本条所称的“专用间谍器材”,是指进行间谍活动特殊需要的下列器材:(1)暗藏式窃听、窃照器材;(2)突发式收发报机、一次性密码本、密写工具;(3)用于获取情报的电子监听、截收器材;(4)其他专用间谍器材。专用间谍器材的确认,由国务院国家安全主管部门负责。本条规定的“非法生产、销售”是指未经有关主管部门批准、许可,擅自生产、销售专用间谍器材或者窃听、窃照专用器材,或者虽经有关部门批准、许可生产、销售,但在实际生产、销售过程中违反有关主管部门关于数量、规格范围等的要求,生产、销售相关器材。

根据《刑法》第283、284条的规定,非法生产、销售专用间谍器材或者窃听、窃照专用器材的，处3年以下有期徒刑、拘役或者管制，并处或者单处罚金；情节严重的，处3年以上7年以下有期徒刑，并处罚金。单位犯上述罪的，对单位判处罚金，并对其直接负责的主管人员和其他直接责任人员，依照上述的规定处罚。非法使用窃听、窃照专用器材，造成严重后果的，处2年以下有期徒刑、拘役或者管制。

关联法规

《反间谍法实施细则》第18条

《刑法》第283、284条

典型案例

杨某非法生产、销售专用间谍器材、窃听、窃照专用器材案[①]

裁判理由

本院认为，被告人杨某未经国家有关主管部门批准擅自销售窃听、窃照专用器材，行为已构成非法销售窃听、窃照专用器材罪，公诉机关的指控成立。被告人杨某在刑罚执行完毕后五年内再犯应当判处有期徒刑以上刑罚之罪系累犯，依法从重处罚。被告人自侦查阶段如实供述犯罪事实，自愿认罪认罚且退出部分违法所得，本院酌情从宽处罚。辩护人据此提出对被告人从轻处罚的辩护意见，予以采纳。公诉机关量刑建议适当，应予采纳。根据被告人犯罪的事实、性质、情节和对社会的危害程度，依照《中华人民共和国刑法》第二百八十三条、第六十五条第一款、第六十七条第三款、第五十二条、第五十三条、第六十四条之规定，作出判决。

裁判结果

一、被告人杨某犯非法销售窃听、窃照专用器材罪，

① 浙江省淳安县人民法院(2020)浙0127刑初29号。

判处有期徒刑一年六个月，并处罚金人民币20000元（刑期从判决执行之日起计算，判决执行前先行羁押的，羁押一日折抵刑期一日，即自2019年8月7日起至2021年2月6日止。罚金限判决生效后十日内缴纳）。二、责令被告人杨某继续退出违法所得5万元，连同已退出的5万元全部予以没收，上缴国库。三、扣押于公安机关的硬盘等物品，由扣押机关依法予以没收。

颜某1、颜某2、魏某1非法生产、销售专用间谍器材、窃听、窃照专用器材案①

裁判理由

本院认为，被告人颜某1、颜某2、魏某1未经国家安全部门批准，擅自销售窃听、窃照专用器材，其行为符合非法销售窃听、窃照专用器材罪的全部构成要件，构成非法销售窃听、窃照专用器材罪。公诉机关指控有据，罪名成立，本院予以支持。在共同犯罪中，各共同犯罪人虽无共谋、各自分工不同，但彼此关联、相互配合，结成一个有机的犯罪行为整体，其行为均与犯罪结果之间存在因果关系，三被告人在本案中作用相当，不宜划分主从。故对颜某2的辩护人提出颜某2属于从犯的辩护意见，本院不予采纳。对三被告人的辩护人均提出被告人系初犯、认罪态度好、能如实供述犯罪事实，认罪、悔罪的辩护意见，与本院查明的事实相符，本院予以采纳。被告人魏某1 2015年因犯非法经营罪，被判处有期徒刑二年三个月，刑满释放后五年内又犯可能判处有期徒刑以上刑罚，是累犯，依法应从重处罚。综合被告人颜某1、颜某2、魏某1的犯罪事实、情节、社会危害程度及认罪、悔罪表现，本院

① 四川省盐源县人民法院（2019）川3423刑初95号。

决定对三被告人从轻处罚。依照《中华人民共和国刑法》第二百八十三条第一款、第二十五条、第六十五条、第六十七条第三款、第四十七条、第五十二条、第六十四条之规定,作出判决。

裁判结果

一、被告人颜某1犯非法销售窃听、窃照专用器材罪,判处有期徒刑九个月,并处罚金人民币5000元。(刑期从判决执行之日起计算。判决执行以前先行羁押的,羁押一日折抵刑期一日。即自2019年3月11日起至2019年12月10日止。罚金已缴纳。)二、被告人颜某2犯非法销售窃听、窃照专用器材罪,判处有期徒刑九个月,并处罚金人民币5000元。(刑期从判决执行之日起计算。判决执行以前先行羁押的,羁押一日折抵刑期一日。即自2019年3月11日起至2019年12月10日止。罚金已缴纳。)三、被告人魏某1犯非法销售窃听、窃照专用器材罪,判处有期徒刑十个月,并处罚金人民币5000元。(刑期从判决执行之日起计算。判决执行以前先行羁押的,羁押一日折抵刑期一日。即自2019年4月3日起至2020年2月2日止。罚金已缴纳。)四、对依法扣押的6件窃听、窃照专用器材、疑似改装材料及工具,依法予以没收。

吕某伟、邓某会、吕某非法生产间谍专用器材案①

裁判理由

本院认为,根据本案所指控犯罪发生时施行的《中华人民共和国刑法》第二百八十三条"非法生产、销售……窃听、窃照专用器材的,处三年以下有期徒刑、拘役或者

① 四川省自贡市中级人民法院(2017)川03刑再1号。

管制”之规定，三上诉人（原审被告人）吕某伟、邓某会、吕某以牟利为目的，非法生产、销售窃听、窃照等专用间谍器材，其行为均构成非法生产、销售间谍专用器材罪。上诉人吕某伟在共同犯罪中起主要作用，系主犯，上诉人邓某会、吕某在共同犯罪中起次要作用，系从犯，依法应当从轻处罚。关于三上诉人提出本案鉴定机构及鉴定人不具备对间谍专用器材进行鉴定的合法资质、鉴定人未在鉴定书上签字、鉴定结论与待证事实无关联的意见，经查，根据四川省国家安全厅川国安十七〔2016〕44 号《关于对四川省特种器材技术鉴定中心及工作人员从事窃听窃照专用器材鉴定书效力确定的函》，2011 年四川省特种器材技术鉴定中心成立后，出具的与窃听窃照专用器材鉴定工作相关的文书和函，均属于技术认定，具有认定性结论的效力。鉴定人在（2013）自刑一终字第 5 号、（2016）川 0304 刑再 1 号案庭审中均出庭证明该鉴定是国家安全部授权的技术鉴定，审批表格由上级下发，内部保存的审批上有鉴定人和审批人的签字，故应认定本案鉴定机构及鉴定人具有鉴定资质。根据《中华人民共和国国家安全法实施细则》第二十条“《国家安全法》第二十一条所称‘专用间谍器材’是指进行间谍活动特殊需要的下列器材：（一）暗藏式窃听、窃照器材；……（四）其他专用间谍器材”的规定，暗藏式窃听、窃照器材属于该条关于专用间谍器材范围列举规定的第一项。本案鉴定结论证明涉案微型耳机系以隐藏方式使用的窃听、窃照专用器材；同时，鉴定人李某在（2013）自刑一终字第 5 号、（2016）川 0304 刑再 1 号案庭审中均出庭证明暗藏式与隐藏式没有区别，只是文字表述不同。故应认定涉案微型耳机即为暗藏式窃听、窃照专用器材，属于间谍专用器材。综上，本案鉴定机构及鉴定人具有合法鉴定资质，鉴定结论具有法律效力，可以作为定案的证据。三上诉人的上述辩护意见本院不予采纳。关于三上诉人提出送鉴耳机来源不明、郭某被免予起诉其证言系伪证、辨认程序不合法的意见,经查,本案鉴定结果形成之后,公安机关及时告知三上诉人,且随后对三上诉人分别进行讯问时,出示了从郭某处扣押并送往四川省特种器材技术鉴定中心鉴定的耳机样品,三人均确认是其生产的耳机,可证明三上诉人对检材的确认。公安机关讯问过程中让三上诉人确认检材耳机样品是否系其生产,并无不当。郭某在公安机关对其讯问中的相关供述也印证了其从四川自贡邓某会处购买了耳机的事实,而郭某被免予起诉与三上诉人是否构成犯罪无关,其讯问笔录系公安机关依法取得,应予采信。故三上诉人的上述辩护意见本院不予采纳。关于三上诉人提出《大安区维升视听电子厂营业执照》明确标有生产微型耳机,故三上诉人生产的微型耳机属合法产品的意见,经查,《大安区维升视听电子厂营业执照》注册日期为2013年9月,而三上诉人非法生产、销售窃听、窃照等专用间谍器材的行为发生于2010年至2012年,且生产、销售窃听、窃照等专用间谍器材需经国家相关部门批准后方可进行。故三上诉人的上述辩护意见本院不予采纳。

修某某非法生产、销售间谍专用器材案①

裁判理由

本院认为,被告人修某某非法销售窃听、窃照专用间谍器材,其行为已构成非法销售间谍专用器材罪,公诉机关指控罪名成立,应予惩处。鉴于修某某认罪、悔罪,可酌情对其从轻处罚,依照《中华人民共和国刑法》第二百

① 黑龙江省哈尔滨市南岗区人民法院(2015)南刑初字第997号。

八十三条、第六十四条、第七十二条、第七十三条之规定，作出判决。

裁判结果

被告人修某某犯非法销售间谍专用器材罪，判处有期徒刑六个月，缓刑一年（缓刑考验期从本判决确定之日起开始计算）。非法销售的专用间谍器材由公安机关予以没收。如不服本判决，可在接到判决书的第二日起十日内，通过本院或者直接向黑龙江省哈尔滨市中级人民法院提出上诉。书面上诉的，应交上诉状正本一份，副本二份。

蔡某贤非法生产、销售专用间谍器材、窃听、窃照专用器材案①

裁判理由

本院认为，被告人蔡某贤通过网络平台非法销售窃听、窃照专用器材，其行为已构成非法销售窃听、窃照专用器材罪。公诉机关指控罪名成立。被告人蔡某贤自侦查阶段自愿认罪认罚，本院酌情予以从宽处罚。公诉机关量刑建议适当，应予采纳。据此，依照《中华人民共和国刑法》第二百八十三条第一款，第六十七条第三款，第七十二条第一、三款，第七十三条第二、三款，第五十二条，第五十三条，第六十四条之规定，作出判决。

裁判结果

被告人蔡某贤犯非法销售窃听、窃照专用器材罪，判处有期徒刑六个月，缓刑一年，并处罚金人民币5000元（缓刑考验期限从判决确定之日起计算；罚金限判决生效后十日内缴纳）。退至建德市人民检察院的人民币

① 浙江省建德市人民法院（2020）浙0182刑初259号。

40000 元，其中 39591.74 元予以追缴，上缴国库，余款发还给被告人蔡某贤。扣押在案的窃听、窃照设备予以没收。

刘某、吴某非法生产、销售专用间谍器材、窃听、窃照专用器材案①

裁判理由

本院认为，被告人刘某非法生产并向他人销售窃照专用器材，其行为已构成非法生产、销售窃照专用器材罪，被告人吴某非法销售窃照专用器材，其行为已构成非法销售窃照专用器材罪，依法均应予惩处。公诉机关指控二被告人的罪名成立。被告人刘某曾因盗窃被行政处罚，现又犯非法生产、销售窃照专用器材罪，酌情予以从重处罚。被告人刘某有自首情节，并自愿认罪认罚，认罪态度较好，依法予以从轻处罚。被告人吴某的辩护人提出该被告人归案后如实供述犯罪事实，并自愿认罪认罚，认罪态度较好等辩护意见。经查，与本案事实及相关法律规定基本相符，本院予以采纳，依法对被告人吴某予以从轻处罚。公诉机关的量刑建议适当，予以采纳。二被告人的违法所得及犯罪使用的工具，依法均予以追缴或没收，上缴国库。根据二被告人犯罪的事实、犯罪的性质、情节和对于社会的危害程度，依照《中华人民共和国刑法》第二百八十三条第一款、第六十七条第一款和第三款、第六十四条及《中华人民共和国刑事诉讼法》第十五条之规定，作出判决。

裁判结果

一、被告人刘某犯非法生产、销售窃照专用器材罪，

① 浙江省台州市黄岩区人民法院（2020）浙 1003 刑初 275 号。

判处有期徒刑一年二个月，并处罚金人民币三万元。（刑期从判决执行之日起计算；判决执行以前先行羁押的，羁押一日折抵刑期一日。即刑期自2020年6月12日起至2021年8月11日止。罚金限在判决生效后的一个月内缴清）。二、被告人吴某犯非法销售窃照专用器材罪，判处有期徒刑八个月，并处罚金人民币一万元。（刑期从判决执行之日起计算；判决执行以前先行羁押的，羁押一日折抵刑期一日。即刑期自2020年6月12日起至2021年1月5日止。罚金限在判决生效后的一个月内缴清）。三、追缴被告人刘某的违法所得人民币三万元、吴某的违法所得人民币一万元，上缴国库。四、扣押在案的作案工具，均予以没收，上缴国库。

胡某非法生产、销售间谍专用器材案①

裁判理由

本院认为，被告人胡某以非法牟利为目的，非法销售间谍专用器材，其行为已构成非法销售间谍专用器材罪，公诉机关指控的罪名成立，应追究其刑事责任。关于辩护人提出被告人有立功表现，属立功的意见与事实不符，不予采信。关于被告人认罪态度好，无前科，系初犯的意见予以采纳，且上缴违法所得20万元，确有悔罪表现，综合全案事实，依法予以从轻处罚。依照《中华人民共和国刑法》第二百八十三条、第六十七条第三款、第七十二条第一款、第七十三条、第六十四条之规定，作出判决。

裁判结果

一、被告人胡某犯非法销售间谍专用器材罪，判处有期徒刑一年，缓刑二年；缓刑考验期自判决确定之日起计

① 湖北省崇阳县人民法院（2016）鄂1223刑初277号。

算。二、被告人胡某违法所得20万元予以追缴。三、公安机关扣押的接收器、发射器、天线等依法予以没收。

第十六条　【举报间谍行为】任何公民和组织发现间谍行为,应当及时向国家安全机关举报;向公安机关等其他国家机关、组织举报的,相关国家机关、组织应当立即移送国家安全机关处理。

国家安全机关应当将受理举报的电话、信箱、网络平台等向社会公开,依法及时处理举报信息,并为举报人保密。

条文注释

本条是关于任何公民和组织举报间谍行为以及相关国家机关、组织接到举报后应当依法处理的规定。

本条第1款是关于公民和组织举报间谍行为的规定,本款规定主要包含以下几个方面的内容:第一,公民和组织发现间谍行为有举报的义务。这里的“举报”是指当事人以外的其他知情人向国家安全机关、公安机关等其他国家机关检举、揭发间谍行为犯罪事实或者犯罪嫌疑人线索的行为。举报的形式是多样的,有关单位和个人可以亲自到有关部门举报,也可以通过信件、邮件、电话、网络平台等举报;可以口头提出,也可以书面提出;举报可以实名,也可以匿名。对于公民的口头举报,接收部门应当做好记录。第二,关于处理举报的单位。处理举报的单位主要有两类:一类是国家安全机关。根据本法第6条第1款的规定,国家安全机关是反间谍工作的主管机关。因此,公民和组织发现间谍行为时,首先应当及时向国家安全机关举报。另一类是公安机关等其他国家机关、组织。根据本款规定,接受公民和组织举报的机关或组织,应当将案件立即移送国家安全机关处理。需要注意的是,这里的“其他国家机关”是指除国家安全机关、公安机关以外的从事国家管理和行使国家权力的机关,包括国家权力机关、司法机关、行政机关。如各级人民代表大会,各级人民政府，各级人民法院、人民检察院、司法行政等部门。“组织”既包括个人所在的单位，也包括所在地的基层组织，如居民委员会、村民委员会等。

本条第 2 款是关于国家安全机关受理举报后的处理的规定。根据本款规定，国家安全机关应将受理举报的电话、信箱、网络平台等向社会公开。实践中国家安全机关公布的举报电话为“12339”；国家安全机关公布的举报网站为 www. 12339. gov. cn。《公民举报危害国家安全行为奖励办法》第 4 条对公民的举报方式作了进一步规定。公民可以通过下列方式向国家安全机关举报：(1) 拨打国家安全机关 12339 举报受理电话；(2) 登录国家安全机关互联网举报受理平台网站 www. 12339. gov. cn；(3) 向国家安全机关投递信函；(4) 到国家安全机关当面举报；(5) 通过其他国家机关或者举报人所在单位向国家安全机关报告；(6) 其他举报方式。同时，《公民举报危害国家安全行为奖励办法》第 5 条对公民的举报提出了具体的要求：“公民可以实名或者匿名进行举报。实名举报应当提供真实身份信息和有效联系方式。匿名举报人有奖励诉求的，应当提供能够辨识其举报身份的信息。提倡和鼓励实名举报。”另外，国家安全机关应当依法及时处理举报信息，并为举报人保密。《反间谍安全防范工作规定》第 19 条规定，“国家安全机关应当严格为举报人保密，保护举报人的人身财产安全。未经举报人同意，不得以任何方式公开或者泄露其个人信息。公民因举报间谍行为或者其他危害国家安全行为，本人或者其近亲属的人身安全面临危险的，可以向国家安全机关请求予以保护。国家安全机关应当会同有关部门依法采取保护措施”。

关联法规

《反间谍安全防范工作规定》第 18、19 条

《公民举报危害国家安全行为奖励办法》第 4～6 条

第十七条　【重点单位管理制度和职责】国家建立反间谍安全防范重点单位管理制度。

反间谍安全防范重点单位应当建立反间谍安全防范工作制度，履行反间谍安全防范工作要求，明确内设职能部门和人员承担反间谍安全防范职责。

条文注释

本条是关于国家建立反间谍安全防范重点单位管理制度以及反间谍安全防范重点单位建立反间谍安全防范工作制度的规定。

本条第1款是关于国家建立反间谍安全防范重点单位管理制度的规定。本款中的“反间谍安全防范重点单位”，一般包括重要国家机关、国防军工单位和其他重要涉密单位以及重要军事设施的管理单位等。

本条第2款是关于重点单位的安全防范职责的规定。本款规定包含以下几个方面的内容：第一，建立反间谍安全防范工作制度。根据《反间谍安全防范工作规定》的规定，反间谍安全防范重点单位除履行落实反间谍安全防范主体责任外，还应当建立健全反间谍安全防范工作制度。第二，履行反间谍安全防范工作要求。开展反间谍安全防范工作，应当坚持专门工作与群众路线相结合，坚持人防、物防、技防相结合，严格遵守法定权限和程序，尊重和保障人权，保护公民、组织的合法权益。第三，明确内设职能部门和人员承担反间谍安全防范职责。根据《反间谍安全防范工作规定》第9条的规定，国家安全机关根据单位性质、所属行业、涉密等级、涉外程度以及是否发生过危害国家安全案事件等因素，会同有关部门制定并定期调整反间谍安全防范重点单位名录，以书面形式告知重点单位。反间谍安全防范重点单位除履行《反间谍安全防范工作规定》第8条规定的义务外，还应当履行下列义务：(1)建立健全反间谍安全防范工作制度；(2)明确本单位相关机构和人员承担反间谍安全防范职责；(3)加强对涉密事项、场所、载体、数据、岗位和人员的日常安全防范管理，对涉密人员实行上岗前反间谍安全防范审查，与涉密人员签订安全防范承诺书;(4)组织涉密、涉外人员向本单位报告涉及国家安全事项,并做好数据信息动态管理;(5)做好涉外交流合作中的反间谍安全防范工作,制定并落实有关预案措施;(6)做好本单位出国(境)团组、人员和长期驻外人员的反间谍安全防范行前教育、境外管理和回国(境)访谈工作;(7)定期对涉密、涉外人员开展反间谍安全防范教育、培训;(8)按照反间谍技术安全防范标准,配备必要的设备、设施,落实有关技术安全防范措施;(9)定期对本单位反间谍安全防范工作进行自查,及时发现和消除安全隐患。

关联法规

《反间谍安全防范工作规定》第8~10条

第十八条　【重点单位人员的反间谍防范】反间谍安全防范重点单位应当加强对工作人员反间谍安全防范的教育和管理,对离岗离职人员脱密期内履行反间谍安全防范义务的情况进行监督检查。

条文注释

本条是关于反间谍安全防范重点单位应当加强对工作人员反间谍安全防范的教育和管理的规定。

需要注意的是,反间谍安全防范重点单位应当对离岗离职人员脱密期内履行反间谍安全防范义务的情况进行监督检查。根据《保守国家秘密法》的规定,涉密人员离岗离职实行脱密期管理。涉密人员在脱密期内,应当按照规定履行保密义务,不得违反规定就业,不得以任何方式泄露国家秘密;机关、单位应当建立健全涉密人员管理制度,明确涉密人员的权利、岗位责任和要求,对涉密人员履行职责情况开展经常性的监督检查。"脱密期管理",是指在一定期限内,从就业、出境等方面对离岗离职涉密人员采取限制措施。"离岗",是指离开涉密工作岗位,仍在本机关、本单位工作的情形。"离职",是指辞职、辞退、解聘、调离、退休等离开本机关、本单位的情形。

关联法规

《保守国家秘密法》第43~47条

第十九条 【重点单位物理防范】反间谍安全防范重点单位应当加强对涉密事项、场所、载体等的日常安全防范管理，采取隔离加固、封闭管理、设置警戒等反间谍物理防范措施。

条文注释

本条是关于反间谍安全防范重点单位应当加强对涉密事项、场所、载体等的日常安全防范管理的规定。

涉密“载体”，是指以文字、数据、符号、图形、图像、声音等方式记载涉密信息的纸介质、光介质、电磁介质等各类物品。纸介质涉密载体是指传统的纸质涉密文件、资料、书刊、图纸等。光介质涉密载体是指利用激光原理写入和读取涉密信息的存储介质，包括CD、VCD、DVD等各类光盘。电磁介质涉密载体包括电子介质和磁介质两种类型。电子介质涉密载体是指利用电子原理写入和读取涉密信息的存储介质，包括各类优盘、移动硬盘等；磁介质涉密载体是指利用磁原理写入和读取涉密信息的存储介质，包括硬磁盘、软磁盘、磁带等。国家秘密载体以及属于国家秘密的设备、产品的明显部位应当标注国家秘密标志。国家秘密标志应当标注密级和保密期限。国家秘密的密级和保密期限发生变更的，应当及时对原国家秘密标志作出变更。无法标注国家秘密标志的，确定该国家秘密的机关、单位应当书面通知知悉范围内的机关、单位和人员。涉密载体按照密级不同，具有不同的管理方式。绝密级涉密载体涉及国家核心秘密，一旦泄露将会对国家安全和利益造成特别严重的损害。按照保密管理规定的要求，绝密级涉密载体的保密管理，在保存、管理复制、摘抄、收发、传递和外出携带等关键环节，必须采取更为严格的管理措施。

关联法规

《中共中央保密委员会办公室、国家保密局关于国家秘密载体保密管理的规定》

《国家秘密载体印制资质管理办法》

第二十条　【重点单位技术防范】反间谍安全防范重点单位应当按照反间谍技术防范的要求和标准,采取相应的技术措施和其他必要措施,加强对要害部门部位、网络设施、信息系统的反间谍技术防范。

条文注释

本条是关于反间谍安全防范重点单位加强对要害部门部位、网络设施、信息系统采取技术防范措施的规定。

理解本条内容,主要有以下几个方面:第一,反间谍安全防范重点单位应当按照反间谍技术防范要求和标准履行反间谍安全防范责任。反间谍技术防范标准,是指具体规定防范间谍行为的技术标准,如网络安全设置、工作流程要求等,具体内容由国家安全机关会同有关部门制定,目的是通过科学、统一、规范的标准提升实践中防范间谍行为的水平,避免各部门、各机关执行标准不一的问题。第二,应当采取相应的技术措施和其他必要措施。反间谍技术防范措施,是指为防范间谍行为而采取的各种技术防范措施,如提升网络安全等级等。根据《反间谍安全防范工作规定》的规定,反间谍安全防范重点单位应当加强本单位反间谍安全防范管理,落实有关安全防范措施,按照反间谍技术安全防范标准,配备必要的设备、设施,落实有关技术安全防范措施。第三,加强对要害部门部位、网络设施、信息系统的技术防范。机关、单位应当将涉及绝密级或者较多机密级、秘密级国家秘密的机构确定为保密要害部门,将集中制作、存放、保管国家秘密载体的专门场所确定为保密要害部位,按照国家保密规定和标准配备、使用必要的技术防护设施、设备。具体措施包括按照国家保密标准强制配备保密技术防护设备;对使用的信息设备进行保密技术检查检测,等等。

关联法规

《保守国家秘密法》第32条

《反间谍安全防范工作规定》第22~26条

第二十一条　【涉及国家安全事项建设项目许可】在重要国家机关、国防军工单位和其他重要涉密单位以及重要军事设施的周边安全控制区域内新建、改建、扩建建设项目的，由国家安全机关实施涉及国家安全事项的建设项目许可。

县级以上地方各级人民政府编制国民经济和社会发展规划、国土空间规划等有关规划，应当充分考虑国家安全因素和划定的安全控制区域，征求国家安全机关的意见。

安全控制区域的划定应当统筹发展和安全，坚持科学合理、确有必要的原则，由国家安全机关会同发展改革、自然资源、住房城乡建设、保密、国防科技工业等部门以及军队有关部门共同划定，报省、自治区、直辖市人民政府批准并动态调整。

涉及国家安全事项的建设项目许可的具体实施办法，由国务院国家安全主管部门会同有关部门制定。

条文注释

本条是关于涉及国家安全事项建设项目许可及其配套规范等的规定。

本条第1款规定，在重要国家机关、国防军工单位和其他重要涉密单位以及重要军事设施的周边安全控制区域内新建、改建、扩建建设项目的，由国家安全机关实施涉及国家安全事项的建设项目许可。“国家安全事项的建设项目”，是指在我国境内重要国家机关、国防军工单位和其他重要涉密单位以及重要军事设施的周边安全控制区域内的建设项目。理解本款应当注意以下几个方面内容：第一，建设项目的位置需要“在重要国家机关、国防军工单位和其他重要涉密单位以及重要军事设施的周边安全控制区域内”。不是所有的国家机关、国防军工单位和涉密单位以及军事设施的周边建设项目都需要进行涉及国家安全事项的建设项目许可，只有“重要”的被保护对象和目标周边安全控制区域内的建设项目才需要开展国家安全审查。“安全控制区域”是国家安全机关为了方便开展涉及国家安全事项的建设项目许可所划定的涵盖一定地理范围的区域。划定安全控制区域的具体要求在本条其余条款中有相应的规定。需要注意的是,建设项目只有位于被保护对象和目标周边划定的"安全控制区域内"的,才涉及国家安全审查。第二,需要进行涉及国家安全事项的建设项目许可的建设项目类别。这里的建设项目类别主要为"新建、改建、扩建建设项目"。"新建、改建、扩建"涵盖了一般建筑物的建设性质和状态,既包括从无到有的新建项目,也包括不超过现有建筑框架基础的翻新改建,还包括对现有建筑作扩大、扩张性建设的扩建。第三,国家安全机关是实施涉及国家安全事项的建设项目许可的主体。第四,实施的是涉及国家安全事项的建设项目许可。《行政许可法》第12条对可以设定行政许可的事项作了一般性规定,其中包括"直接涉及国家安全、公共安全、经济宏观调控、生态环境保护以及直接关系人身健康、生命财产安全等特定活动,需要按照法定条件予以批准的事项"。

本条第2款规定,县级以上地方各级人民政府编制国民经济和社会发展规划、国土空间规划等有关规划,应当充分考虑国家安全因素和划定的安全控制区域,征求国家安全机关的意见。应当注意以下几个方面内容:第一,县级以上地方各级人民政府编制各项规划的时候,就应当充分考虑国家安全因素和划定的安全控制区域。在编制相关规划的时候一并考虑涉及国家安全等因素,平衡多方面的情况,对建设项目做到合理的监管和安排,可以提前避免威胁国家安全的突出风险和隐患,防止后续出现建设项目先建后拆、整改难度大等情况。第二,相关规划应当充分考虑国家安全因素和划定的安全控制区域。这里的"国家安全因素",主要涉及因建设项目因素而产生的国家安全风险和隐患,不是其他国家安全风险和隐患。第三,在编制规划时,应当征求国家安全机关的意见。应当注意的是,本款属于对特定事项明确规定了征求意见,只有在相关规划需要考虑因建设项目涉及的国家安全因素和划定的安全控制区域的时候,才需要征求国家安全机关的意见。

本条第3款规定,安全控制区域的划定应当统筹发展和安全,坚持科学合理、确有必要的原则，由国家安全机关会同发展改革、自然资源、住房城乡建设、保密、国防科技工业等部门以及军队有关部门共同划定，报省、自治区、直辖市人民政府批准并动态调整。应当注意以下几个方面内容：第一，安全控制区域的划定应当统筹发展和安全，坚持科学合理、确有必要的原则。安全控制区域的划定应当统筹好发展和安全，既要充分认识到社会发展过程中建设项目的新建、改建、扩建存在必然性，又要充分正视建设项目可能产生间谍行为的风险和隐患是客观事实。通过划定安全控制区域的范围，设置建设项目安全审查的保护机制，可以提高国家防范和化解因建设项目产生的国家安全风险和隐患。发展和安全，两者都需要兼顾，不能为了发展不顾安全，也不能为了安全限制发展。基于此，需要在建设项目的安全审查中统筹兼顾好发展和安全。第二，安全控制区域要由国家安全机关会同发展改革、自然资源、住房城乡建设、保密、国防科技工业等部门以及军队有关部门共同划定。国家安全机关是划定安全控制区域的主要负责单位。在具体划定过程中，国家安全机关不可单独划定，需要与其他单位共同研究，根据各有关单位的职责分工，科学合理、确有必要地划定安全控制区域。第三，划定的安全控制区域需要报省、自治区、直辖市人民政府批准并动态调整。这里确定了安全控制区域的审批层级，即省、自治区、直辖市人民政府。另外，划定的安全控制区域要根据重点保护单位、辖区范围内的建设项目的情况和变化，开展动态调整，及时将需要保护的重点对象纳入保护范围，将不需要纳入安全控制区域的范围予以排除。

本条第4款规定，涉及国家安全事项的建设项目许可的具体实施办法，由国务院国家安全主管部门会同有关部门制定。涉及国家安全事项的建设项目许可制度，还有许多具体的条件、要求、程序等需要进一步明确和细化。因此，本款明确涉及国家安全事项的建设项目许可的具体实施办法，由国务院国家安全主管部门会同有关部门制定。

关联法规

《行政许可法》第12条

《国家安全法》第59条

《涉及国家安全事项的建设项目许可管理规定》

第二十二条　【技术防范的标准制定及检查检测】国家安全机关根据反间谍工作需要，可以会同有关部门制定反间谍技术防范标准，指导有关单位落实反间谍技术防范措施，对存在隐患的单位，经过严格的批准手续，可以进行反间谍技术防范检查和检测。

条文注释

本条是关于反间谍技术防范的标准制定及检查检测的规定。

“反间谍技术防范措施”是指为防范行为而采取的各种技术防范措施，国家安全机关可以采取下列方式开展反间谍技术防范检查检测：(1)进入有关单位、场所，进行现场技术检查；(2)使用专用设备，对有关部位、场所、链路、网络等进行技术检测；(3)对有关设备设施、网络、系统进行远程技术检测。

“存在隐患的单位”是指其相关设备、设施、有关防范间谍行为的措施等存在漏洞，有可能被利用实施窃密等间谍行为的单位。

“经过严格的批准手续”是指要进行反间谍技术防范检查和检测，需要按照国家有关规定履行相应的严格的审批程序，不能不经审批擅自实施。根据《反间谍安全防范工作规定》第21条的规定，国家安全机关对有下列情形之一的，经设区的市级以上国家安全机关负责人批准，并出具法律文书，可以对机关、团体、企业事业组织和其他社会组织开展反间谍安全防范检查：(1)发现反间谍安全防范风险隐患；(2)接到反间谍安全防范问题线索举报；(3)依据有关单位的申请；(4)因其他反间谍安全防范工作需要。

关联法规

《反间谍安全防范工作规定》第21～25条

第三章　调 查 处 置

第二十三条　【反间谍工作职权的范围】国家安全机关在反间谍工作中依法行使本法和有关法律规定的职权。

条文注释

本条是关于国家安全机关在反间谍工作中的职权的规定。

本法规定的职权，主要是指本法第3章“调查处置”的相关职权，包括查验身份证明、问询有关情况、查看随带物品，查验电子设备、设施及有关程序、工具，查阅、调取有关的文件、数据、资料、物品，传唤违法行为人，检查人身、物品、场所，查询相关产信息，查封、扣押、冻结相关场所、设施或者财物，对相关人员限制出境和入境，对网络信息内容或者网络攻击等风险依法进行处置，对相关人员采取技术侦察和身份保护措施，对间谍犯罪行为立案侦查等。

有关法律规定的职权，是指除本法规定的职权外，其他法律规定的国家安全机关的相应职权。这些职权既包括行政性职权，也包括办理刑事案件的职权。行政性职权除了本法规定的以外，还包括国家安全机关在履行反间谍工作职责时根据《军事设施保护法》《人民警察法》《邮政法》《出境入境管理法》《保守国家秘密法》《数据安全法》等法律的规定行使的相应职权。国家安全机关依法办理刑事案件的职权主要指《刑事诉讼法》《国家安全法》等规定的侦查、拘留、预审、执行逮捕等。

关联法规

《刑事诉讼法》第4、81、85～87、91、93、94、115～168条

《国家安全法》第42条

《军事设施保护法》第52条

《人民警察法》第2条

《出境入境管理法》第44条

《保守国家秘密法》第34、59条

《数据安全法》第35条

第二十四条　【查验、问询、查看】国家安全机关工作人员依法执行反间谍工作任务时，依照规定出示工作证件，可以查验中国公民或者境外人员的身份证明，向有关个人和组织问询有关情况，对身份不明、有间谍行为嫌疑的人员，可以查看其随带物品。

条文注释

本条是关于国家安全机关工作人员依法执行反间谍工作任务时，可以查验相关人员身份证明、问询有关情况、查看随带物品的规定。

"工作证件"，这里是指国家安全机关工作人员根据其工作任务的不同，按照规定使用的有关证件，包括工作证、侦察证等。身份证明包括居民身份证、军官证、士官证、士兵证、护照、有效签证、港澳居民来往内地通行证等可以证明身份的证件。需要注意的是，"查验"身份证明，不是扣留身份证明。"身份不明"，是指国家安全机关在查验个人身份证明、问询有关情况时，其无法提供或有意隐瞒其真实姓名、住址信息等，导致国家安全机关对其身份信息无法确定。"有间谍行为嫌疑的人员"，是指可能存在间谍行为违法犯罪事实或者有线索表明间谍行为与之相关，国家安全机关需进一步初查核实的相关行为人员。

关联法规

《反恐怖主义法》第51条

《反有组织犯罪法》第26条

《反间谍法实施细则》第11、12条

第二十五条　【查验电子设备、设施及有关程序、工具】国家安全机关工作人员依法执行反间谍工作任务时，经设区的市级以上国家安全机关负责人批准，出示工作证件，可以查验有关个人和组织的电子设备、设施及有关程序、工具。查验中发现存在危害国家安全情形的,国家安全机关应当责令其采取措施立即整改。拒绝整改或者整改后仍存在危害国家安全隐患的,可以予以查封、扣押。

对依照前款规定查封、扣押的电子设备、设施及有关程序、工具,在危害国家安全的情形消除后,国家安全机关应当及时解除查封、扣押。

条文注释

本条是关于国家安全机关工作人员依法执行反间谍工作任务时,可以查验有关个人和组织的电子设备、设施及有关程序、工具的规定。

本条中的"有关个人和组织"是广义的,"个人"包括中国公民和在中国境内的外国人、无国籍人等;"组织"既包括国内的机构、组织,也包括外国和境外地区在我国领域内设立的机构、组织,如中外合资企业、外资企业等。"电子设备、设施及有关程序、工具"是指由集成电路、电子管、晶体管等电子元件组成,应用电子技术、软件等发挥作用的设备、设施,其中包含应用的程序、软件工具等。

关联法规

《刑法》第285条第3款

《反有组织犯罪法》第39条

第二十六条 【有关个人和组织予以配合】国家安全机关工作人员依法执行反间谍工作任务时,根据国家有关规定,经设区的市级以上国家安全机关负责人批准,可以查阅、调取有关的文件、数据、资料、物品,有关个人和组织应当予以配合。查阅、调取不得超出执行反间谍工作任务所需的范围和限度。

条文注释

本条是关于国家安全机关工作人员依法执行反间谍工作任务时,可以查阅、调取有关的文件、数据、资料、物品以及有关个人和组织应当予以配合的规定。

国家安全机关办理反间谍案件，需要行使查阅、调取职权时，应当从准确查清案件事实的工作需要出发，在所需的范围和限度内查阅、调取与案件事实相关的文件、数据、资料、物品，不能任意扩大查阅、调取的范围，不能查阅、调取与案件无关的文件、数据、资料、物品。另外，国家安全机关工作人员依法查阅、调取有关文件、数据、资料、物品时，有关个人和组织应当予以配合。这里的配合是指应当为国家安全机关调查有关情况、收集有关证据提供便利条件等，不能无故拒绝、故意阻碍国家安全机关依法查阅、调取。根据《国家安全法》第77条第1款的规定，公民和组织应当履行下列维护国家安全的义务：(1)遵守宪法、法律法规关于国家安全的有关规定；(2)及时报告危害国家安全活动的线索；(3)如实提供所知悉的涉及危害国家安全活动的证据；(4)为国家安全工作提供便利条件或者其他协助；(5)向国家安全机关、公安机关和有关军事机关提供必要的支持和协助；(6)保守所知悉的国家秘密，等等。

关联法规

《反间谍法实施细则》第21、22条

第二十七条 【传唤】需要传唤违反本法的人员接受调查的，经国家安全机关办案部门负责人批准，使用传唤证传唤。对现场发现的违反本法的人员，国家安全机关工作人员依照规定出示工作证件，可以口头传唤，但应当在询问笔录中注明。传唤的原因和依据应当告知被传唤人。对无正当理由拒不接受传唤或者逃避传唤的人，可以强制传唤。

国家安全机关应当在被传唤人所在市、县内的指定地点或者其住所进行询问。

国家安全机关对被传唤人应当及时询问查证。询问查证的时间不得超过八小时；情况复杂，可能适用行政拘留或者涉嫌犯罪的，询问查证的时间不得超过二十四小时。国家安全机关应当为被传唤人提供必要的饮食和休息时间。严禁连续传唤。

除无法通知或者可能妨碍调查的情形以外，国家安全机关应当及时将传唤的原因通知被传唤人家属。在上述情形消失后，应当立即通知被传唤人家属。

条文注释

本条是关于传唤违反本法的人员的规定。

本条第1款是关于传唤、强制传唤违反本法的人员的规定。"使用传唤证"传唤。这里的"传唤证"就是国家安全机关向被传唤人出示的正式书面传唤通知。除了使用传唤证传唤外，还可以口头传唤，即对现场发现的违反本法的人员，国家安全机关工作人员依照规定出示工作证件，可以口头传唤，但应当在询问笔录中注明。另外，对无正当理由拒不接受传唤或者逃避传唤的人，可以强制传唤。"强制传唤"，是指国家安全机关对被传唤人使用强制的方法，包括依照有关规定使用械具等强制方法将被传唤人带至国家安全机关或者有关地点接受国家安全机关的调查和询问。

本条第2款是关于询问地点的规定。询问被传唤人，可以在国家安全机关进行，但为了方便人民群众，有利于工作的顺利进行，办案人员也可以将被传唤人传唤到其所在市、县内的指定地点或者其住所进行询问。所在市、县内的指定地点，主要是指在被传唤人所在市、县的基层组织或者所在单位等；住所，是指被传唤人在被询问时所居住的地方。

本条第3款是关于传唤询问查证时间的规定。传唤作为一种查证措施，要求被传唤人到指定的地点接受询问，并且在询问过程中不能离开这一处所，实质上是对公民人身自由的限制，如果不对传唤权力加以限制，必然导致对其公民自由权利的侵犯。本款规定，对情况复杂，可能适用行政拘留或者涉嫌犯罪的，询问查证的时间不得超过24小时。另外，国家安全机关应当为被传唤人提供必要的饮食和休息时间。严禁连续传唤。

本条第4款是关于通知被传唤人家属的规定。传唤在一定时间内限制了被传唤人的人身自由，应当让其家属知道被传唤人的具体情况。在一些特殊情况下，如其年幼孩子或者家属因患有疾病无人照料，或者其与家属在同一时间另有重要事务安排的情况下，如果不及时通知其家属，可能还会引发其他事件。因此，国家安全机关在传唤后应当及时将传唤的原因通知被传唤人家属。这里的家属，不局限于其近亲属。通知其家属，既可以是在向其送达传唤书时当场通知，也可以是在被传唤人到达指定地点后马上通知。传达的方式，可以采用书面形式，也可以通过电话形式。

关联法规

《刑事诉讼法》第119条

第二十八条　【检查】国家安全机关调查间谍行为，经设区的市级以上国家安全机关负责人批准，可以依法对涉嫌间谍行为的人身、物品、场所进行检查。

检查女性身体的，应当由女性工作人员进行。

条文注释

本条是关于国家安全机关调查间谍行为可以依法对涉嫌间谍行为的人身、物品、场所进行检查的规定。

根据本条第1款的规定，国家安全机关调查间谍行为，可以依法对涉嫌间谍行为的人身、物品、场所进行检查。为了保证检查的顺利进行，应当做好必要的准备工作，如现场保护、证据保存、取样、人员通知、技术准备等。在程序上，进行检查应当经设区的市级以上国家安全机关负责人批准。人身、物品和场所往往涉及公民基本的权利，如财产权、隐私权、名誉权等国家安全机关在检查时应当遵循相应的程序，防止对公民的这些合法权益造成非法侵害，履行相应的审批手续，规范办案程序。

本条第2款特别规定，检查女性身体的，应当由女性工作人员进行。女性工作人员是指女性国家安全机关工作人员以及其他可以接受国家安全机关委托或者指定进行检查的女性工作人员，如女医师等。另外，有见证人的情况下，见证人也应当是女性，男性以及与检查无关的人员不得在场。

关联法规

《刑事诉讼法》第132条

第二十九条 【查询财产信息】国家安全机关调查间谍行为，经设区的市级以上国家安全机关负责人批准，可以查询涉嫌间谍行为人员的相关财产信息。

条文注释

本条是关于国家安全机关调查间谍行为可以查询涉嫌间谍行为人员的相关财产信息的规定。

根据本条规定，国家安全机关调查间谍行为，可以查询涉嫌间谍行为人员的相关财产信息。查询财产信息是国家安全机关核查犯罪线索，全面掌握嫌疑人员的财产信息的调查方法。查询是线索核查基本的调查方法，其性质上不同于查封、扣押、冻结等财产处置措施，也不得划转、转账或者以其他方式变相扣押。实践中，国家安全机关查询的涉嫌间谍行为人员的相关财产信息主要包括：(1)金融资产。国家安全机关工作人员可以利用人民银行和资金查控平台等查清涉案人员在各大商业银行的资金及关联的理财账户情况，支付宝、微信等电子支付账户及关联的理财账户情况，以及股票、债券、保单、票据、基金份额等有价证券账户及对应资金账户情况。(2)房屋等不动产。结合涉嫌间谍行为人员的居住地、主要活动地、单位所在地等信息，通过不动产登记和交易中心进行查询，查清涉嫌间谍行为人员名下或虽然登记在他人名下但可能属于涉嫌间谍行为人员实际拥有、实际控制、出资购买的土地、住宅、商铺、工业厂房等不同类型不动产的情况。(3)车辆等特殊动产。通过查询车辆登记、车辆卡口信息、保单记录、维修记录、违章处理等信息，结合外围调查，查清涉案人员名下或虽然登记在他人名下但可能属于涉案人员实际拥有、实际控制、出资购买的汽车、船舶、航空器等高价值特殊动产情况。(4)股份期权。通过调阅工商登记、股东决议、纳税记录、交易流水、合同等信息，查明涉案人员在公司、企业、厂矿等经济实体中持股情况，或虽登记在他人名下但可能属于重点对象实际拥有的股份情况。上述四类资产是主要的查询内容，但不限于上述资产，国家安全机关工作人员应根据调查间谍行为的需要进行查询。

第三十条 【查封、扣押、冻结】国家安全机关调查间谍行为，经设区的市级以上国家安全机关负责人批准，可以对涉嫌用于间谍行为的场所、设施或者财物依法查封、扣押、冻结；不得查封、扣押、冻结与被调查的间谍行为无关的场所、设施或者财物。

条文注释

本条是关于国家安全机关可以对涉嫌用于间谍行为的场所、设施或者财物依法查封、扣押、冻结的规定。

“涉嫌用于间谍行为的场所、设施或者财物”，主要是指行为人具有将场所、设施或者财物直接用于实施间谍行为的嫌疑，如使用窃听、窃照专用间谍器材实施窃取、刺探、收买国家秘密、情报等。“查封”，是指国家安全机关对涉嫌用于间谍行为的财物或场所就地封存的强制措施。“扣押”，是指国家安全机关为防止实施间谍行为人员处分、转移财产而对涉案财产采取的扣留、保管的强制措施。“冻结”，是指国家安全机关为防止实施间谍行为人员转移资金、抽逃资金而对涉案财产采取的限制其流动的一种强制措施。查封、扣押、冻结措施严重影响个人和组织的财产权益，必须依法进行。

关联法规

《行政强制法》第22～33条

《刑事诉讼法》第141、142、144、145条

《中国银监会、最高人民检察院、公安部、国家安全部关于印发银行业金融机构协助人民检察院公安机关国家安全机关查询冻结工作规定的通知》

第三十一条 【采取查阅、调取、传唤等措施的程序和要求】国家安全机关工作人员在反间谍工作中采取查阅、调取、传唤、检查、查询、查封、扣押、冻结等措施，应当由二人以上进行，

依照有关规定出示工作证件及相关法律文书，并由相关人员在有关笔录等书面材料上签名、盖章。

国家安全机关工作人员进行检查、查封、扣押等重要取证工作，应当对全过程进行录音录像，留存备查。

条文注释

本条是关于国家安全机关工作人员在反间谍工作中采取查阅、调取、传唤等措施的程序和要求的规定。

本条第1款是关于采取措施时应当由2人以上进行，出示工作证和法律文书，并由相关人员在书面材料上签名、盖章的规定。采取措施应当由2人以上进行。这是行政合法性的要求，行政机关在调查或者进行检查时，执法人员不得少于2人，并应当向当事人或者有关人员出示证件。当事人或者有关人员应当如实回答询问，并协助调查或者检查，不得阻挠。询问或者检查应当制作笔录。出示工作证件，一是表明国家安全机关工作人员身份，便于执法以及要求有关单位和个人予以配合；二是执法过程接受人民群众监督，依法规范文明执法。由相关人员在有关笔录等书面材料上签名、盖章。这里的“相关人员”，不仅包括办案人员，还包括被调查处置的对象。对于查封、扣押和冻结等措施，有见证人在场的，见证人也应当在相关手续上签名、盖章。

本条第2款是关于重要取证工作，要进行全过程录音录像的规定。录音录像对于推进司法公正，保证个人和组织合法权利，保证行政程序的合法化，具有重要意义。实践中，录音录像不仅可以规范国家安全机关进行检查、查封、扣押等重要取证工作，保障涉嫌间谍行为人员的合法权利，也有利于固定和保存证据，防止办案人员被诬告，对办案人员自身也是一种保护。根据本款规定，录音录像必须符合以下两个要求：一是必须是全过程进行。全过程录音录像是为了保持录音录像的完整性，如果不能保证全过程录音录像，录制设备的开启和关闭时间完全由办案人员自由掌握，录音录像就不能发挥证明作用。“全过程进行”一般是指国家安全机关工作人员在进行检查、查封扣押等重要取证工作时，从进入相关场所开始到取证结束离开相关场所的整个过程。二是必须留存备查。实践中，国家安全机关应当根据实践工作对重要取证工作进行全程录音录像，这样做，一个很重要的目的就是留存备查，起到监督调查过程、保护被调查人权益的作用，对使用措施的合法性进行核查监督，看调查人员的言行是否规范、该履行的程序是否都已履行。

关联法规

《刑事诉讼法》第123条

《公安机关现场执法视音频记录工作规定》

第三十二条 【如实提供证据】在国家安全机关调查了解有关间谍行为的情况、收集有关证据时，有关个人和组织应当如实提供，不得拒绝。

条文注释

本条是关于在国家安全机关调查了解有关间谍行为的情况、收集有关证据时，有关个人和组织应当如实提供的规定。

本条中的“收集有关证据”，是指国家安全机关工作人员根据本法有关规定调查间谍活动，如调查、了解有关间谍行为的情况，有关涉嫌间谍活动人员的情况，以及收集与间谍行为有关的证据等，收集证据是调查活动的核心。“如实提供”，是对个人和组织为国家安全机关提供有关间谍行为的情况和证据时的法定要求，主要是指在国家安全机关调查了解有关间谍行为的情况和收集有关证据时，有关个人和组织应当把所知悉和掌握的有关事实、材料，实事求是、不保留地提供给国家安全机关。如实提供，既包括如实提供证人证言，也包括如实提供物证、书证、视听资料等证据。

需要注意的是，对于拒绝作证的，会出现两种法律后果：一是行政处罚；二是刑事处罚。根据本法第60条第2项的规定，明知他人有间谍犯罪行为，在国家安全机关向其调查有关情况、收集有关证据时，拒绝提供，构成犯罪的，依法追究刑事责任，尚不构成犯罪的，由国家安全机关予以警告或者处10日以下行政拘留，可以并处3万元以下罚款。这里的“构成犯罪的,依法追究刑事责任”,是指根据《刑法》第305、310、311条等相关规定追究刑事责任的情况。

关联法规

《刑法》第305、310、311条

第三十三条 【出境限制】对出境后可能对国家安全造成危害,或者对国家利益造成重大损失的中国公民,国务院国家安全主管部门可以决定其在一定期限内不准出境,并通知移民管理机构。

对涉嫌间谍行为人员,省级以上国家安全机关可以通知移民管理机构不准其出境。

条文注释

本条是关于特定中国公民以及涉嫌间谍行为人员不准出境的规定。

本条第1款规定,对出境后可能对国家安全造成危害,或者对国家利益造成重大损失的中国公民,国务院国家安全主管部门可以决定其在一定期限内不准出境,并通知移民管理机构。《出境入境管理法》第3条第1款明确规定国家保护中国公民出境入境合法权益。但是该法第12条亦明确规定:“中国公民有下列情形之一的,不准出境:(一)未持有效出境入境证件或者拒绝、逃避接受边防检查的;(二)被判处刑罚尚未执行完毕或者属于刑事案件被告人、犯罪嫌疑人的;(三)有未了结的民事案件,人民法院决定不准出境的;(四)因妨害国(边)境管理受到刑事处罚或者因非法出境、非法居留、非法就业被其他国家或者地区遣返,未满不准出境规定年限的;(五)可能危害国家安全和利益,国务院有关主管部门决定不准出境的;(六)法律、行政法规规定不准出境的其他情形。”加强出境管理,既是保护国家秘密、反间谍的需要,也是保护符合条件的特定公民自身安全的需要。

本条第2款规定,对涉嫌间谍行为人员,省级以上国家安全机关可以通知移民管理机构不准其出境。“涉嫌间谍行为人员”,主要是指属于刑事案件被告人、犯罪嫌疑人，或者是涉嫌间谍违法行为的人员，既可以是中国公民，也可以是境外人员。对涉嫌间谍行为人员采取限制出境措施，应当由省级以上国家安全机关通知移民管理机构执行，保证决定及时落地，防范被限制出境的涉嫌间谍行为人员出境。通知和执行的具体程序和操作办法按照有关部门相应规定和要求进行。

此外，要准确理解"出境"，本条中的"境"指的是"国境"和"边境"。现实生活中，包括内地（大陆）居民往返于港、澳、台地区，以及香港同胞、澳门同胞往返于内地和台湾同胞往返于大陆之间，都是按照出入境进行管理。因此，本条中的"出境"，包括由中国内地前往其他国家或地区；由中国内地前往香港特别行政区、澳门特别行政区；由中国大陆前往台湾地区。

第三十四条　【入境管控】对入境后可能进行危害中华人民共和国国家安全活动的境外人员，国务院国家安全主管部门可以通知移民管理机构不准其入境。

条文注释

本条是关于对特定境外人员入境管控的规定。

根据本条规定，限制入境的对象是入境后可能进行危害中华人民共和国国家安全活动的境外人员。依照本国法律对外国人入境实施管理，是维护国家主权、安全和利益的核心内容之一。一个国家有权允许或者不允许境外人员入境以及在什么条件下入境，有权对在其境内的外国人行使管理权，有权阻止或者限制在其境内的外国人出境，或者强制违反本国法律的外国人出境，这些均体现了维护国家主权、安全和利益的原则。本条是针对特定境外人员入境的管控措施，因此除了由移民管理机构依照本条不准其入境外，不排除依法对相关人员采取其他措施。

另外，对依法采取出入境管控措施的境外人员，如果国务院国家安全主管部门经过调查等，已排除具体境外人员进行危害中华人民共和国国家安全活动的可能的，应当及时取消对相关人员的出入境限制。

关联法规

《出境入境管理法》第21、25条

第三十五条 【撤销不准出境、入境决定】对国家安全机关通知不准出境或者不准入境的人员,移民管理机构应当按照国家有关规定执行;不准出境、入境情形消失的,国家安全机关应当及时撤销不准出境、入境决定,并通知移民管理机构。

关联法规

《出境入境管理法》第65条

《最高人民法院、最高人民检察院、公安部、国家安全部关于依法限制外国人和中国公民出境问题的若干规定》

第三十六条 【网络风险应对】国家安全机关发现涉及间谍行为的网络信息内容或者网络攻击等风险,应当依照《中华人民共和国网络安全法》规定的职责分工,及时通报有关部门,由其依法处置或者责令电信业务经营者、互联网服务提供者及时采取修复漏洞、加固网络防护、停止传输、消除程序和内容、暂停相关服务、下架相关应用、关闭相关网站等措施,保存相关记录。情况紧急,不立即采取措施将对国家安全造成严重危害的,由国家安全机关责令有关单位修复漏洞、停止相关传输、暂停相关服务,并通报有关部门。

经采取相关措施,上述信息内容或者风险已经消除的,国家安全机关和有关部门应当及时作出恢复相关传输和服务的决定。

条文注释

本条是关于涉及间谍行为的网络信息内容或网络攻击等风险的应对的规定。

本条第1款规定了国家安全机关发现涉及间谍行为的网络信息

内容或者网络攻击等风险的处理程序。对于一般情况下的处理程序,可以从以下两个方面理解:(1)国家安全机关发现涉及间谍行为的网络信息内容或者网络攻击等风险,应当依照网络安全法规定的职责分工,及时通报有关部门。(2)对于国家安全机关通报的涉及间谍行为的网络信息内容或者网络攻击等风险,网信、电信等有关部门应当依法处置或者责令电信业务经营者、互联网服务提供者及时采取修复漏洞、加固网络防护、停止传输、消除程序和内容、暂停相关服务、下架相关应用、关闭相关网站等措施,保存相关记录。针对紧急情况,由国家安全机关直接责令有关单位修复漏洞、停止相关传输、暂停相关服务,尽管可以实现快速处置的效果,但是也面临着一定的风险,如果处置不当,很有可能会影响企业等正常的经营活动,影响正常的社会秩序,对此法律对国家安全机关可以直接责令采取的措施作了限制,仅限于修复漏洞、停止相关传输、暂停相关服务,这里的停止传输、暂停服务的范围务必要精准、尽量缩小措施的适用范围,尽可能减少对企业正常经营、正常社会秩序的影响。同时,为了使网信、电信等相关部门知晓掌握情况,法律要求国家安全机关在紧急处置时,应当通报有关部门。

本条第2款规定了涉及间谍行为的网络信息内容或者网络攻击等风险消除后的恢复服务措施。"相关措施",主要是指本条第1款规定的修复漏洞、加固网络防护、停止传输、暂停相关服务、下架相关应用、关闭相关网站等措施。

关联法规

《网络安全法》第8、21、47、50、69条

《反间谍安全防范工作规定》第23条

《互联网信息服务管理办法》第14~16、20条

第三十七条 【技术侦察和身份保护措施】国家安全机关因反间谍工作需要,根据国家有关规定,经过严格的批准手续,可以采取技术侦察措施和身份保护措施。

条文注释

本条是关于国家安全机关因反间谍工作需要，可以采取技术侦察措施和身份保护措施的规定。

关于技术侦察措施。为了提高开展反间谍工作的能力，法律赋予了国家安全机关采取技术侦察措施的职权，但是应当"根据国家有关规定，经过严格的批准手续"，不能随意使用。技术侦察措施通常包括电子侦听、电子监听、电子监控、秘密拍照或者秘密录音录像、秘密获取某些物证、电子通信定位、邮件检查等专门技术手段。针对不同的对象和其他不同的情况，国家安全机关可以采取不同的技术侦察手段。

关于身份保护措施。反间谍工作坚持公开工作与秘密工作相结合的原则，间谍机构和间谍人员要窃取、刺探情报，进行策反和破坏活动，一般都是采取隐秘的手段进行。对此，很多反间谍工作也是通过秘密形式进行的。因此，身份保护措施在反间谍工作中必不可少，但是在当前信息社会和大数据时代，国家安全机关工作人员进行身份保护面临很多困难，需要国家统筹解决。本条明确规定国家安全机关可以采取身份保护措施，为有关部门开展工作提供了明确的法律依据。

关联法规

《国家情报法》第15条

《人民警察法》第16条

《刑事诉讼法》第150～154条

第三十八条　【鉴定和评估】对违反本法规定，涉嫌犯罪，需要对有关事项是否属于国家秘密或者情报进行鉴定以及需要对危害后果进行评估的，由国家保密部门或者省、自治区、直辖市保密部门按照程序在一定期限内进行鉴定和组织评估。

条文注释

本条是关于对有关事项是否属于国家秘密或者情报进行鉴定

以及对危害后果进行评估的规定。

国家秘密事项涉及方方面面，对于有关事项是否属于国家秘密或者情报，以及危害后果的评估，具有一定的专业性，靠某个行业或者某个领域的业务主管部门来解决是有难度的。国家保密部门主管全国的保密工作，负有会同其他中央有关机关制定保密事项具体范围的职责，对哪些属于国家秘密事项，具有最高的权威性，省级保密部门在其管辖的区域范围内也有类似的权威性，因此，本条规定，由国家保密部门或者省、自治区、直辖市保密部门进行鉴定和组织评估。

根据本条规定，国家或省一级保密部门按照程序应当在一定期限内进行鉴定和组织评估。根据《国家秘密鉴定工作规定》第23条的规定，“保密行政管理部门应当在受理国家秘密鉴定申请后30日内作出鉴定结论并出具国家秘密鉴定书。因鉴定事项疑难、复杂等不能按期出具国家秘密鉴定书的，经保密行政管理部门负责人批准，可以适当延长工作时限，延长时限最长不超过30日。保密行政管理部门征求有关机关、单位鉴定意见，进行专家咨询时，应当明确答复期限，一般不超过15日；对鉴定事项数量较多、疑难、复杂等情况的，经双方协商，可以延长15日。机关、单位提出鉴定意见，专家咨询等时间不计入保密行政管理部门国家秘密鉴定办理期限”。

关联法规

《保守国家秘密法》第2、13～25、53、55条

《国家秘密鉴定工作规定》

第二十九条 【立案侦查】国家安全机关经调查，发现间谍行为涉嫌犯罪的，应当依照《中华人民共和国刑事诉讼法》的规定立案侦查。

关联法规

《刑事诉讼法》第4、109～113条

第四章 保障与监督

第四十条 【执行职务受法律保护】国家安全机关工作人员依法履行职责，受法律保护。

条文注释

本条是关于国家安全机关工作人员依法履行职责受法律保护的规定。

理解本条内容，主要应注意以下几个方面：(1)国家安全机关工作人员依法履行国家安全工作职责时，不受任何法律追究。国家安全机关工作人员在履行职责时，只要是严格执行法律，无论何时，也无论情况发生什么变化，都不应当受到法律追究。对于应当追究责任的情形，《公务员法》《公职人员政务处分法》等作了明确规定，可以按照法律的规定具体执行。(2)国家安全机关工作人员依法履行职责，其人身安全受到法律保护。反间谍工作具有复杂性、艰巨性，甚至有一定程度的危险性。国家安全机关工作人员及其家属往往是间谍敌对势力、间谍组织的威胁、恐吓、打击报复对象，相关人员的人身安全经常处于危险境地，因此国家安全机关工作人员的人身安全必须要受到法律保护。对抗拒、阻挠国家安全机关工作人员依法履行职责，或者对依法履行职责的国家安全机关工作人员进行阻碍、威胁和打击报复的，应当依法追究相应的法律责任。(3)国家安全机关工作人员必须根据所担任的职务在职责范围内开展活动。法律保护的是国家安全机关的工作人员依法履行职责的情况。“依法履行职责”是指全部与履行反间谍职责任务相关的行为和活动，不能仅理解为是工作8小时内开展的活动。国家安全机关工作人员在职责范围内开展活动，必须严格按照国家的法律规定和政策办事；如果不是在履行职责，就不能适用本条规定。如果在履行职责时，违反有关法律的规定，超越职权，甚至滥用职权，以权谋私，不仅不应当受到法律保护，还应当根据其违法行为依照相关规定追究其相应的责任。

关联法规

《公务员法》第10条

《人民警察法》第5条

第四十一条　【物流运营单位、电信业务经营者、互联网服务提供者的义务】国家安全机关依法调查间谍行为，邮政、快递等物流运营单位和电信业务经营者、互联网服务提供者应当提供必要的支持和协助。

条文注释

本条是关于物流运营单位、电信业务经营者、互联网服务提供者有向国家安全机关提供必要的支持和协助的义务的规定。

1. 关于物流运营单位有为国家安全机关依法调查间谍行为提供必要的支持和协助的义务。《邮政法》第36条规定，"因国家安全或者追查刑事犯罪的需要，公安机关、国家安全机关或者检察机关可以依法检查、扣留有关邮件，并可以要求邮政企业提供相关用户使用邮政服务的信息。邮政企业和有关单位应当配合，并对有关情况予以保密"。

2. 关于电信业务经营者、互联网服务提供者有为国家安全机关依法调查间谍行为提供必要的支持和协助的义务。电信业务经营者、互联网服务提供者，有时统称为通信服务提供者。其中，电信业务经营者指的是网络运营商(Network Operator，NO)和接入服务商(Access Provider，AP)。网络运营商是指基础电信运营商，即电信基础设施的运营者，如中国移动、中国联通、中国电信等运营商；接入服务商是指向网络用户提供的从用户终端到网络接入服务的主体，如各宽带业务经营者。互联网服务提供者是指向用户提供新闻、信息、资料、音视频、建立通信群组的平台等内容服务的互联网内容提供者，如腾讯、新浪、抖音等互联网知名企业就是典型的互联网服务提供者。此外，按照服务对象和提供信息的不同，还可以进一步分为网上媒体运营商、数据库运营商、信息咨询商和信息发布代理商。《网络安全法》第28条规定，“网络运营者应当为公安机关、国家安全机关依法维护国家安全和侦查犯罪的活动提供技术支持和协助”。

关联法规

《邮政法》第36条

《网络安全法》第28、47条

《电信条例》第60、65条

第四十二条　【道路优先通行】国家安全机关工作人员因执行紧急任务需要，经出示工作证件，享有优先乘坐公共交通工具、优先通行等通行便利。

条文注释

本条是关于国家安全机关工作人员执行紧急任务时享有优先乘坐公共交通工具、优先通行等通行便利的规定。

本条中的“紧急任务”是指时间特别紧急，按照正常的方式、途径、程序有可能贻误反间谍工作的情况，如紧急赶赴现场，传递紧急重要情报，追捕、跟踪嫌疑人等。“优先乘坐公共交通工具”包括优先购票或者不购票出示证件即可优先乘坐的情况。其中，公共交通工具主要是指从事旅客运输的公共汽车、出租车、地铁、火车、船只、飞机等各种公共交通工具。优先乘坐并非免费乘坐，事后仍应按照有关规定予以补票或者予以相应的补偿。“优先通行”是指碰到公路上发生交通事故造成交通中断，或者车辆拥挤导致交通堵塞，或者按照交通规则的规定不能通行，如遇到红灯，或者由于某项事件或活动而禁止通行等情况发生时，国家安全机关工作人员经出示工作证件，有关人员应允许其优先通过。

需要注意的是，国家安全机关工作人员在行使本条规定的优先乘坐公共交通工具、优先通行的权力时，必须遵守法律、行政法规及部门规章的相关规定，严格依照本条规定的条件、程序行使，出示侦察证或其他相关证件，或者经必要的审批程序后行使。

关联法规

《道路交通安全法》第53条

第四十三条 【进入有关场所】国家安全机关工作人员依法执行任务时,依照规定出示工作证件,可以进入有关场所、单位;根据国家有关规定,经过批准,出示工作证件,可以进入限制进入的有关地区、场所、单位。

条文注释

本条是关于国家安全机关工作人员依法执行任务时,可以进入有关地区、场所、单位的规定。

出于维护国家安全和工作秩序的需要,有一些地区、场所、单位不得随意进入,需要经过一定的批准程序才能进入,如边境管理区、边境禁区、海防工作区、海上禁区等边防区域;军事禁区、军事基地、军工企业等与国防有关的军事设施和军事单位;重要的科研机构、金融机构、造币企业、核电站、金库、弹药库、麻醉药品库、油库等与国计民生和社会稳定、国家利益和公共安全关系重大的单位;国家档案管理机构、机场隔离区、港口出入境检查通道等其他依照国家有关部门的规定限制进入的场所、单位。这些地区、场所、单位是限制进入的,但是国家安全机关工作人员执行反间谍任务有可能需要进入。本条赋予国家安全机关工作人员根据国家有关规定,在经过批准的情况下进入的职权,以便国家安全机关更好地开展工作,与间谍行为作斗争。

关联法规

《国家情报法》第16条

《反间谍法实施细则》第14条

第四十四条 【优先使用与依法征用】国家安全机关因反间谍工作需要,根据国家有关规定,可以优先使用或者依法征用国家机关、人民团体、企业事业组织和其他社会组织以及个人的交通工具、通信工具、场地和建筑物等,必要时可以设置相关工作场所和设施设备，任务完成后应当及时归还或者恢复原状，并依照规定支付相应费用；造成损失的，应当给予补偿。

条文注释

本条是关于国家安全机关因反间谍工作需要可以优先使用或者依法征用公私财物的规定。

“优先使用”是指相关国家机关、人民团体、企业事业组织和其他社会组织以及个人，在国家安全机关因反间谍工作需要提出要求时，应当优先保障其使用相关交通工具、通信工具、场地和建筑物等。“依法征用”是指国家安全机关为了反间谍工作的需要依法征调使用国家机关、人民团体、企业事业组织和其他社会组织以及个人的财产、用后归还或恢复原状并给予补偿的制度。依法征用具有强制性，无须财产所有人、管理人的同意。对财产被使用或者征用的国家机关、人民团体、企业事业组织和其他社会组织以及个人，国家安全机关应该依照规定支付费用，若私人财产受到损失，还应根据规定给予补偿。

关联法规

《民法典》第 245 条

《国家情报法》第 17 条

《国防法》第 51 条

第四十五条　【通关便利】国家安全机关因反间谍工作需要，根据国家有关规定，可以提请海关、移民管理等检查机关对有关人员提供通关便利，对有关资料、器材等予以免检。有关检查机关应当依法予以协助。

条文注释

本条是关于国家安全机关因反间谍工作需要可以提请海关、移民管理等检查机关对有关人员提供通关便利的规定。

本条中“对有关人员提供通关便利，对有关资料、器材等予以免检”是指对因反间谍工作需要，国家安全机关为了保障反间谍工作的顺利进行提请有关检查机关对人员提供通关便利和对资料、器材等予以免检。提供通关便利、免检包括：一是对护照证件的免检。国家安全机关因反间谍工作需要，根据国家有关规定，可以提请海关、移民管理等检查机关对国家安全机关中执行反间谍任务的相关人员、协助国家安全机关工作的有必要免检的人员以及有间谍行为嫌疑但因工作需要暂不宜对其进行检查的人员等的护照、签证等出入境证件提供通关便利。二是对行李物品的免检。国家安全机关因反间谍工作需要，根据国家有关规定可以提请海关、移民管理等检查机关对出入境人员携带的物品提供免检。提供免检便利的对象可以是各种形式的与反间谍工作有关的资料，既包括文字资料、图片资料、声像资料、数字统计资料和实物资料等，也包括执行反间谍工作任务所需要的不宜公开检查的各种工具、材料，如专用照相机、录像机、录音机、电台、窃听监听装置、伪装装置，以及与之有关的零件、元器件、辅助材料等。

关联法规

《国家情报法》第18条

第四十六条 【保护、营救和补偿】国家安全机关工作人员因执行任务，或者个人因协助执行反间谍工作任务，本人或者其近亲属的人身安全受到威胁时，国家安全机关应当会同有关部门依法采取必要措施，予以保护、营救。

个人因支持、协助反间谍工作，本人或者其近亲属的人身安全面临危险的，可以向国家安全机关请求予以保护。国家安全机关应当会同有关部门依法采取保护措施。

个人和组织因支持、协助反间谍工作导致财产损失的，根据国家有关规定给予补偿。

条文注释

本条是关于国家对协助反间谍工作的人员予以保护、营救，以及对相关个人和组织因协助反间谍工作导致损失的应予以赔偿的规定。

本条第1款是关于对执行反间谍任务或者协助执行反间谍工作任务的有关人员予以保护的规定。本款规定的保护措施适用于国家安全机关工作人员因执行任务,或者个人因协助执行反间谍工作任务,本人或者其近亲属的人身安全受到威胁的情形。这里的对象主要是指国家安全机关工作人员或者协助执行反间谍任务的人员及其近亲属。实践中,执行任务、协助执行反间谍工作任务的人员,本人及其近亲属遭受打击报复的风险较高,面临人身安全威胁的风险很高。因此,对以上人员中人身安全确实面临危险的,本款规定采取相应措施予以保护。这里的“面临危险”,是指本人及其近亲属的人身安全可能面临比较迫切的现实危险的情形。具体保护措施包括:(1)不公开真实姓名、住所和工作单位等个人信息;(2)采取不露外貌、真实声音等出庭作证措施;(3)禁止特定的人接触被保护人员;(4)对人身和住宅采取专门性保护措施;(5)变更被保护人员的身份或姓名,重新安排住所和工作单位,等等。

本条第2款是关于对因支持、协助反间谍工作的有关人员予以保护的规定。本款适用对象主要是因支持、协助反间谍工作,本人或者其近亲属的人身安全面临危险的人。两类人员均是在主动采取措施,及时消除涉及国家安全的重大风险隐患或者现实危害,防范、制止危害国家安全等间谍行为。

本条第3款是关于个人和组织因支持、协助反间谍工作导致财产损失的,根据国家有关规定给予补偿的规定。个人和组织将其财产供国家安全机关及相关单位、工作人员使用,是以实际行动支持反间谍工作的体现。如为了协助国家安全机关工作人员执行反间谍任务时提供了财物,造成财物损失的情况,则有关方面应当依法给予合法权益被损害的个人和组织相应的补偿。同时,合法权益被损害的个人和组织,也享有相应的请求有关方面给予补偿的请求权。

关联法规

《国家安全法》第80、81条

《反间谍安全防范工作规定》第19条

《国家情报法》第23、25条

第四十七条　【妥善安置】对为反间谍工作做出贡献并需要安置的人员,国家给予妥善安置。

公安、民政、财政、卫生健康、教育、人力资源和社会保障、退役军人事务、医疗保障、移民管理等有关部门以及国有企业事业单位应当协助国家安全机关做好安置工作。

条文注释

本条是关于对为反间谍工作做出贡献并需要安置的人员,国家给予妥善安置的规定。

"为反间谍工作做出贡献"是指在反间谍工作中,具有以下情况的:(1)提供重要情况或者线索,为国家安全机关发现、破获间谍案件或者其他危害国家安全案件,或者为有关单位防范、消除涉及国家安全的重大风险隐患或者现实危害发挥重要作用的。(2)密切配合国家安全机关执行任务,表现突出的。(3)防范、制止间谍行为或者其他危害国家安全行为,表现突出的。(4)主动采取措施,及时消除本单位涉及国家安全的重大风险隐患或者现实危害,挽回重大损失的。(5)在反间谍工作中,有重大创新或者成效特别显著的。(6)在反间谍工作中做出其他重大贡献的。

"安置"是指公安、民政、财政、卫生健康、教育、人力资源和社会保障、退役军人事务、医疗保障、移民管理等有关部门以及国有企业事业单位,协助国家安全机关做好安置工作,接收安置人员。

关联法规

《国家安全法》第74条

《国家情报法》第24条

第四十八条　【抚恤优待】对因开展反间谍工作或者支持、协助反间谍工作导致伤残或者牺牲、死亡的人员,根据国家有关规定给予相应的抚恤优待。

关联法规

《国家情报法》第 25 条

《人民警察法》第 41 条

《军人抚恤优待条例》

《人民警察抚恤优待办法》

《伤残抚恤管理办法》

第四十九条　【科技创新】国家鼓励反间谍领域科技创新，发挥科技在反间谍工作中的作用。

条文注释

本条是关于国家鼓励反间谍领域科技创新的规定。

"反间谍领域科技创新"，是指研发先进的反间谍技术和防范机制，以更好地预防和打击间谍行为。在当前形势下，间谍行为已经不局限于情报刺探、渗透破坏等活动，科学技术的创新赋予了间谍行为更多的选择空间。间谍窃密的范围，从原来主要的军事与政治情报等领域，逐步扩展到现在的经济、科技、医疗卫生、生物基因、能源等各个方面。传统的间谍手段也逐渐转移到网络上来，呈现出隐蔽性强、破坏性大、技术性强的特点，应对手段日益更新的间谍活动，需要采取新的策略、新的手段、新的方法，不断提升反间谍领域的科技创新，以应对新的国家安全形势。

"发挥科技在反间谍工作中的作用"，是指运用先进的科学技术和设备提高反间谍工作能力，从而更好地打击间谍行为，保障国家安全。

关联法规

《关键信息基础设施安全保护条例》第 5、6、36 条

《科学技术进步法》第 3、5、19、27、48、106 条

第五十条　【人才建设】国家安全机关应当加强反间谍专业力量人才队伍建设和专业训练，提升反间谍工作能力。

对国家安全机关工作人员应当有计划地进行政治、理论和业务培训。培训应当坚持理论联系实际、按需施教、讲求实效，提高专业能力。

条文注释

本条是关于加强反间谍专业力量人才队伍建设的规定。

“反间谍专业力量”是防范、打击和惩治反有组织犯罪的主要力量，是有关部门和单位反间谍职责的具体实施者，在反间谍工作中发现线索、收集证据、侦查逮捕等方面发挥着重要作用。

“政治、理论和业务培训”是指国家安全机关工作人员要紧紧围绕全面贯彻落实总体国家安全观，进行多方面的培训，努力开创新时代国家安全工作新局面，强化基本政治素质、扎实理论研究、精通业务能力，培养造就一支覆盖全面、数量充足、素质过硬、结构合理、充满活力的新时代反间谍人才队伍。反间谍工作具有很强的政治性，这就要求国家安全机关工作人员要将政治标准作为第一标准，国家安全机关工作人员的培训首先是政治培训，通过扎实国家安全机关工作人员的政治水平来提升政治意识，坚定政治立场，以达到提高新时代国家安全机关干部的政治觉悟的目的。

第五十一条　【内部监督和安全审查】国家安全机关应当严格执行内部监督和安全审查制度，对其工作人员遵守法律和纪律等情况进行监督，并依法采取必要措施，定期或者不定期进行安全审查。

条文注释

本条是关于国家安全机关应当严格执行内部监督和安全审查制度的规定。

本条中的“监督”“审查”，主要包括督促、检查、调查、考核及评估等方式。“内部监督和安全审查”主要是指国家安全机关依据相关规定和程序，对其工作人员的政治素质、任职条件、岗位责任、“8小时以外”活动等进行监督和审查。政治素质方面，应当政治立场坚定,坚决执行党的路线、方针、政策,认真落实各项规章制度;品行方面,应当忠诚可靠,作风正派,责任心强;工作能力方面,应当掌握业务知识、技能和基本法律知识。

关联法规

《国家情报法》第 26 条

第五十二条 【检举、控告】任何个人和组织对国家安全机关及其工作人员超越职权、滥用职权和其他违法行为,都有权向上级国家安全机关或者监察机关、人民检察院等有关部门检举、控告。受理检举、控告的国家安全机关或者监察机关、人民检察院等有关部门应当及时查清事实,依法处理,并将处理结果及时告知检举人、控告人。

对支持、协助国家安全机关工作或者依法检举、控告的个人和组织,任何个人和组织不得压制和打击报复。

条文注释

本条是关于任何个人和组织都有检举、控告国家安全机关及其工作人员超越职权、滥用职权等违法行为的规定。

本条第 1 款规定,任何个人和组织对国家安全机关及其工作人员超越职权、滥用职权和其他违法行为,都有权向上级国家安全机关或者监察机关、人民检察院等有关部门检举、控告。受理检举、控告的国家安全机关或者监察机关、人民检察院等有关部门应当及时查清事实,依法处理,并将处理结果及时告知检举人、控告人。本款中的"超越职权"是指行使法律、法规没有赋予的职权。"滥用职权"主要是指在行使法律规定的职权时,不正确行使或不按照规定的程序、要求行使,如将反间谍工作中的职权用于他处,包括以权谋私或进行其他违法犯罪活动。"其他违法行为"是指国家安全机关及其工作人员在反间谍工作中的其他违反法律规定,侵害公民、组织利益的行为。"上级国家安全机关"主要是指有超越职权、滥用职权和其他违法行为的国家安全机关及其工作人员的上一级国家安全机关,如有必要,当事人也可以向更高一级的国家安全机关检举、控告。“检举”是指个人和组织对于自己发现或知悉的国家安全机关及其工作人员的违法行为向上级国家安全机关或者其他有关部门揭发、报告。“控告”是指个人和组织将国家安全机关及其工作人员违反法律,侵犯自己合法权利的行为向上级国家安全机关、有关部门进行告发。

本条第2款规定,对支持、协助国家安全机关工作或者依法检举、控告的个人和组织,任何个人和组织不得压制和打击报复。“支持、协助国家安全机关工作”主要是指个人和组织为国家安全工作提供的各种便利和协助,根据本法第26条等相关规定,主要有以下内容:(1)当国家安全机关的工作人员依法向有关组织和人员调查、询问有关情况时,这些组织和人员应当积极提供客观情况。(2)当国家安全机关的工作人员依法执行国家安全工作任务,需要进入限制进入的有关地区、场所、单位时,这些地区场所、单位应当给予方便。(3)当国家安全机关的工作人员依法执行反间谍工作任务,需要查阅或者调取有关的文件、数据、资料、物品时,持有文件、数据、资料、物品的有关个人和组织积极予以提供。(4)国家安全机关工作人员依法执行紧急任务时,有关部门优先安排乘坐公共交通工具,遇交通阻碍时,优先予以放行。(5)当国家安全机关因反间谍工作需要,按照国家有关规定,优先使用或者依法征用机关、团体、企事业组织和个人的交通工具、通信工具、场地和建筑物,这些组织和个人应当积极提供。(6)当国家安全机关因侦察间谍行为的需要,根据国家有关规定、经过严格的批准手续,采取技术侦察措施,需要有关单位、组织和个人提供帮助时,这些单位、组织和个人应当积极配合。(7)当国家安全机关因反间谍工作需要,依照规定查验有关组织和个人的电子通信工具、器材等设备设施时,这些组织和个人应当提供便利。(8)国家安全机关因反间谍工作需要根据国家有关规定,提请海关、边防等检查机关对有关人员和资料、器材免检的有关检查机关应当予以协助。(9)公民和组织发现间谍行为,及时向国家安全机关、公安机关等其他国家机关、组织报告的,这些机关和组织应当提供便利。(10)在国家安全机关调查了解有关间谍行为的情况、收集有关证据时，有关组织和个人应当如实提供。(11)邮政、快递等物流运营单位和电信业务经营者、互联网服务提供者应当依法为防范、调查间谍行为提供技术支持和协助。“压制”是指采取各种方式不让个人、组织检举、控告。“打击报复”是指在个人、组织检举、控告后，采取暴力、侮辱、诽谤、开除、经济处分、剥夺经济权利等各种方式打击报复检举人、控告人。

关联法规

《国家情报法》第27条

《刑法》第254条

第五章　法律责任

第五十三条　【刑事责任】实施间谍行为，构成犯罪的，依法追究刑事责任。

条文注释

本条是关于实施间谍行为构成犯罪，依法追究刑事责任的规定。

实施间谍行为可能构成的犯罪主要包括：(1)间谍罪。《刑法》第110条规定，“有下列间谍行为之一，危害国家安全的，处十年以上有期徒刑或者无期徒刑；情节较轻的，处三年以上十年以下有期徒刑：(一)参加间谍组织或者接受间谍组织及其代理人的任务的；(二)为敌人指示轰击目标的”。(2)为境外窃取、刺探、收买、非法提供国家秘密、情报罪。《刑法》第111条规定，“为境外的机构、组织、人员窃取、刺探、收买、非法提供国家秘密或者情报的，处五年以上十年以下有期徒刑；情节特别严重的，处十年以上有期徒刑或者无期徒刑；情节较轻的，处五年以下有期徒刑、拘役、管制或者剥夺政治权利”。(3)武装叛乱、暴乱罪。《刑法》第104条规定，“组织、策划、实施武装叛乱或者武装暴乱的，对首要分子或者罪行重大的，处无期徒刑或者十年以上有期徒刑；对积极参加的，处三年以上十年以下有期徒刑；对其他参加的，处三年以下有期徒刑、拘役、管制或者剥夺政治权利。策动、胁迫、勾引、收买国家机关工作人员、武装部队人员、人民警察、民兵进行武装叛乱或者武装暴乱的，依照前款的规定从重处罚”。(4)投敌叛变罪。《刑法》第108条规定，“投敌叛变的，处三年以上十年以下有期徒刑；情节严重或者带领武装部队人员、人民警察、民兵投敌叛变的，处十年以上有期徒刑或者无期徒刑”。(5)叛逃罪。《刑法》第109条规定，“国家机关工作人员在履行公务期间，擅离岗位，叛逃境外或者在境外叛逃的，处五年以下有期徒刑、拘役、管制或者剥夺政治权利；情节严重的，处五年以上十年以下有期徒刑。掌握国家秘密的国家工作人员叛逃境外或者在境外叛逃的，依照前款的规定从重处罚”。(6)为境外窃取、刺探、收买、非法提供商业秘密罪。《刑法》第219条之一规定，“为境外的机构、组织、人员窃取、刺探、收买、非法提供商业秘密的，处五年以下有期徒刑，并处或者单处罚金；情节严重的，处五年以上有期徒刑，并处罚金”。(7)故意泄露军事秘密罪、过失泄露军事秘密罪。《刑法》第432条规定，“违反保守国家秘密法规，故意或者过失泄露军事秘密，情节严重的，处五年以下有期徒刑或者拘役；情节特别严重的，处五年以上十年以下有期徒刑。战时犯前款罪的，处五年以上十年以下有期徒刑；情节特别严重的，处十年以上有期徒刑或者无期徒刑”。除上述罪名外，还可能涉及分裂国家罪、煽动分裂国家罪、颠覆国家政权罪、煽动颠覆国家政权罪等。

关联法规

《国家安全法》第41条

《刑法》第102～113条

《最高人民法院关于审理为境外窃取、刺探、收买、非法提供国家秘密、情报案件具体应用法律若干问题的解释》

典型案例

陈某某为境外刺探、非法提供国家秘密案[①]

被告人陈某某系某职业技术学院学生。2020年2月中旬，陈某某通过“探探”App平台结识了境外人员“涵”。陈某某在明知“涵”是境外人员的情况下，为获取报酬，于2020年3月至2020年7月间，按照“涵”的要求，多次前往军港等军事基地，观察、搜集、拍摄涉军装备及部队位置等信息，并通过微信、坚果云、rocket. chat等软件发送给“涵”。陈某某先后收受“涵”通过微信、支付宝转账的报酬共计人民币1万余元以及鱼竿、卡西欧手表等财物。经密级鉴定，陈某某发送给“涵”的图片涉及1项机密级军事秘密、2项秘密级军事秘密和2项内部事项。

最终，陈某某因犯为境外刺探、非法提供国家秘密罪被判处有期徒刑六年，剥夺政治权利二年，并处没收个人财产人民币1万元。

黄某某为境外刺探、非法提供国家秘密案[②]

黄某某，案发前系婚纱摄影师。2019年7月，被告人黄某某通过微信聊天与境外人员“琪姐”结识。在“琪姐”的指示下，于2019年7月至2020年5月间，黄某某利用在某军港附近海滩从事婚纱摄影的便利，使用专业照相器材、手机等远景拍摄军港周边停泊的军舰，为了避免暴露自己，黄某某还采用欺骗、金钱引诱等方式委托他人为自己拍摄该军港附近海湾全景。黄某某以每周2至3次的频率，累计拍摄达90余次，其中涉及军港军舰照片384张。黄某某将拍摄的照片通过网络以共用网盘、群组共享等方式发送给境外人员“琪姐”，共收取对方提供的报酬人民币4万余元。经鉴定，涉案照片涉及绝密级秘密3项，机密级秘密2项。

最终，黄某某因犯为境外刺探、非法提供国家秘密罪被判处有期徒刑

---

①　参见《检察机关依法惩治危害国家安全犯罪典型案例》，载最高人民检察院官网，https://www. spp. gov. cn/spp/xwfbh/wsfbt/202204/t20220416_554500. shtml#1。

②　参见《检察机关依法惩治危害国家安全犯罪典型案例》，载最高人民检察院官网，https://www. spp. gov. cn/spp/xwfbh/wsfbt/202204/t20220416_554500. shtml#1。

十四年，剥夺政治权利五年，并处没收个人财产人民币 4 万元。

吴某某间谍案①

被告人吴某某，案发前系某机场航务与运行管理部运行指挥员。2020 年 7 月，被告人吴某某通过自己及其姐姐、哥哥等人的闲鱼账号在“闲鱼”软件承接跑腿业务，某间谍组织代理人“鱼总”通过“闲鱼”软件的自动回复号码搜索添加了被告人吴某某的微信。后吴某某在金钱诱惑下被“鱼总”发展，并接受其要求吴某某提供政府机关重要人员到某机场的行程信息，被告人吴某某利用自己在该机场运行管理部担任运行指挥员的便利，多次刺探、截获政府机关重要人员的行程信息，并通过境外聊天软件发送给“鱼总”，共收取“鱼总”提供的间谍经费人民币 2.6 万余元。经鉴定，被告人吴某某为间谍组织代理人“鱼总”提供的信息涉 1 项机密级军事秘密，2 项秘密级军事秘密。

最终，吴某某因犯间谍罪被判处有期徒刑十三年，剥夺政治权利四年。

第五十四条　【行政处罚】个人实施间谍行为，尚不构成犯罪的，由国家安全机关予以警告或者处十五日以下行政拘留，单处或者并处五万元以下罚款，违法所得在五万元以上的，单处或者并处违法所得一倍以上五倍以下罚款，并可以由有关部门依法予以处分。

明知他人实施间谍行为，为其提供信息、资金、物资、劳务、技术、场所等支持、协助，或者窝藏、包庇，尚不构成犯罪的，依照前款的规定处罚。

单位有前两款行为的，由国家安全机关予以警告，单处或者并处五十万元以下罚款，违法所得在五十万元以上的，单处

① 参见《检察机关依法惩治危害国家安全犯罪典型案例》，载最高人民检察院官网，https://www.spp.gov.cn/spp/xwfbh/wsfbt/202204/t20220416_554500.shtml#1。

或者并处违法所得一倍以上五倍以下罚款，并对直接负责的主管人员和其他直接责任人员，依照第一款的规定处罚。

国家安全机关根据相关单位、人员违法情节和后果，可以建议有关主管部门依法责令停止从事相关业务、提供相关服务或者责令停产停业、吊销有关证照、撤销登记。有关主管部门应当将作出行政处理的情况及时反馈国家安全机关。

关联法规

《刑法》第 13 条

《行政处罚法》第 9 条

《反间谍法实施细则》第 19 条

第五十五条 【自首、立功】实施间谍行为，有自首或者立功表现的，可以从轻、减轻或者免除处罚；有重大立功表现的，给予奖励。

在境外受胁迫或者受诱骗参加间谍组织、敌对组织，从事危害中华人民共和国国家安全的活动，及时向中华人民共和国驻外机构如实说明情况，或者入境后直接或者通过所在单位及时向国家安全机关如实说明情况，并有悔改表现的，可以不予追究。

条文注释

本条是关于实施间谍行为，有自首或者立功表现及有重大立功表现的规定。

根据《反间谍法实施细则》第 20 条的规定，下列情形属于本条中的“立功表现”：(1) 揭发、检举危害国家安全的其他犯罪分子，情况属实的；(2) 提供重要线索、证据，使危害国家安全的行为得以发现和制止的；(3) 协助国家安全机关、司法机关捕获其他危害国家安全的犯罪分子的；(4) 对协助国家安全机关维护国家安全有重要作用的其他行为。“重大立功表现”，是指在前款所列立功表现的范围内对国家安全工作有特别重要作用的。

根据本条第2款的规定，对在境外受胁迫或者受诱骗参加间谍组织、敌对组织，从事危害中华人民共和国国家安全的活动，同时符合以下条件的，可以不予追究：第一，行为人在境外参加间谍组织、敌对组织，实施危害我国国家安全活动是因为受到敌对势力或有关人员的胁迫或者诱骗。第二，行为人实施危害我国国家安全的行为后，及时向中华人民共和国驻外机构如实说明情况，或者入境后直接或者通过所在单位及时向国家安全机关如实说明情况。“如实说明情况”是指说明的情况应当全面、真实，不得刻意隐瞒、歪曲，或者提供虚假信息。第三，行为人除及时、如实向有关机关说明情况外，还应有悔改表现。所谓悔改表现，包括行为人对自己实施的行为真诚悔悟的态度，也包括以积极的行动，消除、减轻自己行为造成的危害和不良影响。如配合国家安全机关或者其他有关机关进行调查取证、开展工作等。

关联法规

《反间谍法实施细则》第5、20条

《刑法》第68条

第五十六条　【未履行反间谍安全防范义务的法律责任】 国家机关、人民团体、企业事业组织和其他社会组织未按照本法规定履行反间谍安全防范义务的，国家安全机关可以责令改正；未按照要求改正的，国家安全机关可以约谈相关负责人，必要时可以将约谈情况通报该单位上级主管部门；产生危害后果或者不良影响的，国家安全机关可以予以警告、通报批评；情节严重的，对负有责任的领导人员和直接责任人员，由有关部门依法予以处分。

条文注释

本条是关于国家机关、人民团体、企业事业组织和其他社会组织违反安全防范主体责任的处罚的规定。

本条规定的国家机关、人民团体、企业事业组织和其他社会组织未按照本法规定履行反间谍安全防范义务的,对其惩处分四个层次。一是责令改正;二是未按照要求改正的,可以约谈相关负责人,必要时可以将约谈情况通报该单位上级主管部门;三是产生危害后果或者不良影响的,国家安全机关可以予以警告、通报批评;四是情节严重的,对负有责任的领导人员和直接责任人员予以处分。"责令改正",即对未严格按照本法规定履行反间谍安全防范义务,未对工作人员加强反间谍安全防范的教育和管理,未按照相应要求和标准采取相应的技术措施和其他必要措施等情况由国家安全机关责令其采取有效措施纠正错误做法。责令的方式和程序,都要有法律、行政法规的依据,符合依法行政的要求。"警告",是指国家安全机关对有违反本法规定的单位提出告诫,使其认识自身存在违法行为并进行改正的一种处罚,警告可以当场作出。"通报批评",这里是指国家安全机关对有违反本法规定的个人或者单位在一定范围内通过书面批评加以谴责和告诫,指出其违法行为,避免其再犯。本条中的"依法予以处分",主要是一种纪律处分,如果行为人不是国家机关工作人员,对其处分包括单位内部规定的处分和党内纪律处分。如果违反本条规定的单位的直接负责的主管人员和其他直接责任人员是中共党员的,除了给予内部工作纪律处分之外,还要根据《中国共产党纪律处分条例》的规定,由党组织给予党内纪律处分,包括警告、严重警告、撤销党内职务、留党察看、开除党籍五种。此外,如果行为人是公职人员的,还需要依照《公职人员政务处分法》等有关法律法规给予政务处分。

关联法规

《公职人员政务处分法》

《中国共产党纪律处分条例》

《监察法》第52条

《监察法实施条例》第202、204条

第五十七条　【违规建设的法律责任】违反本法第二十一条规定新建、改建、扩建建设项目的，由国家安全机关责令改正，予以警告；拒不改正或者情节严重的，责令停止建设或者使用、暂扣或者吊销许可证件，或者建议有关主管部门依法予以处理。

条文注释

本条是关于违规新建、改建、扩建建设项目的法律责任的规定。

本法第21条规定，“在重要国家机关、国防军工单位和其他重要涉密单位以及重要军事设施的周边安全控制区域内新建、改建、扩建建设项目的，由国家安全机关实施涉及国家安全事项的建设项目许可。县级以上地方各级人民政府编制国民经济和社会发展规划、国土空间规划等有关规划，应当充分考虑国家安全因素和划定的安全控制区域，征求国家安全机关的意见。安全控制区域的划定应当统筹发展和安全，坚持科学合理、确有必要的原则，由国家安全机关会同发展改革、自然资源、住房城乡建设、保密、国防科技工业等部门以及军队有关部门共同划定，报省、自治区、直辖市人民政府批准并动态调整。涉及国家安全事项的建设项目许可的具体实施办法，由国务院国家安全主管部门会同有关部门制定”。如果该建设项目先于安全控制区域的划定，已经在本法第21条规定的安全控制区域内，并且没有开展“新建、改建、扩建”工程的，无须额外进行涉及国家安全事项的建设项目许可。同时，如果该建设项目是进行其他施工，不是为了新建、改建、扩建，如为了拆除现有建筑物而进行施工，不再开展任何新建、改建、扩建工程的，也无须进行涉及国家安全事项的建设项目许可。另外，违反本法第21条规定新建、改建、扩建建设项目的，包括没有根据法律规定申请办理涉及国家安全事项的建设项目许可进行新建、改建、扩建的，申请材料不齐备等情形，或者经审核后认为存在危害国家安全隐患等情形的。

为了规范涉及国家安全事项的建设项目许可管理工作，防范制止间谍行为，维护国家安全，根据《国家安全法》《反间谍法》《行政许可法》等法律法规，国家安全部、国家发展和改革委员会、自然资源部、住房和城乡建设部联合制定了《涉及国家安全事项的建设项目许可管理规定》。涉及国家安全事项的建设项目新建、改建、扩建的，应当依照该规定取得国家安全机关许可，并接受监督管理。该规定第35条规定，国家机关、人民团体、企业事业组织和其他社会组织违反该规定的，国家安全机关可以依据《反间谍法》第56条约谈相关负责人，必要时进行通报。

关联法规

《行政处罚法》第63条

《涉及国家安全事项的建设项目许可管理规定》

第五十八条 【物流运营单位、电信业务经营者、互联网服务提供者违规的法律责任】违反本法第四十一条规定的，由国家安全机关责令改正，予以警告或者通报批评；拒不改正或者情节严重的，由有关主管部门依照相关法律法规予以处罚。

条文注释

本条是关于物流运营单位、电信业务经营者、互联网服务提供者违规的法律责任的规定。

本法第41条规定，"国家安全机关依法调查间谍行为，邮政、快递等物流运营单位和电信业务经营者、互联网服务提供者应当提供必要的支持和协助"。

本条中的"由有关主管部门依照相关法律法规予以处罚"，根据处罚对象的不同，有关主管部门和具体适用的法律也有所区别。对于电信业务经营者、互联网服务提供者，适用的法律主要有：《网络安全法》第69条规定，"网络运营者违反本法规定，有下列行为之一的，由有关主管部门责令改正；拒不改正或者情节严重的，处五万元以上五十万元以下罚款，对直接负责的主管人员和其他直接责任人员，处一万元以上十万元以下罚款：（一）不按照有关部门的要求对法律、行政法规禁止发布或者传输的信息，采取停止传输、消除等处置措施的；（二）拒绝、阻碍有关部门依法实施的监督检查的；（三）拒不向公安机关、国家安全机关提供技术支持和协助的”等。

对于邮政、快递等物流营运单位,适用的法律主要有:《邮政法》第77、78条规定,“邮政企业、快递企业拒绝、阻碍依法实施的监督检查,尚不构成犯罪的,依法给予治安管理处罚;对快递企业,邮政管理部门还可以责令停业整顿直至吊销其快递业务经营许可证”。“邮政企业及其从业人员、快递企业及其从业人员在经营活动中有危害国家安全行为的,依法追究法律责任;对快递企业,并由邮政管理部门吊销其快递业务经营许可证”。《快递暂行条例》第45条规定,“经营快递业务的企业及其从业人员在经营活动中有危害国家安全行为的,依法追究法律责任;对经营快递业务的企业,由邮政管理部门吊销其快递业务经营许可证”,等等。

关联法规

《网络安全法》第47、48、68、69条

《邮政法》第36、75~78条

《快递暂行条例》第38、45条

《互联网信息服务管理办法》第15、16、19、20、23条

《最高人民法院、最高人民检察院关于办理非法利用信息网络、帮助信息网络犯罪活动等刑事案件适用法律若干问题的解释》

第五十九条 【拒不配合数据调取的法律责任】违反本法规定,拒不配合数据调取的,由国家安全机关依照《中华人民共和国数据安全法》的有关规定予以处罚。

条文注释

本条是关于违反本法规定拒不配合数据调取的法律责任的规定。

根据《数据安全法》第3条第1款的规定,“数据”是指任何以电子或者其他方式对信息的记录。第35条规定,“公安机关、国家安全机关因依法维护国家安全或者侦查犯罪的需要调取数据,应当按照国家有关规定,经过严格的批准手续,依法进行,有关组织、个人应当予以配合”。第48条第1款规定,“违反本法第三十五条规定,拒

不配合数据调取的，由有关主管部门责令改正，给予警告，并处五万元以上五十万元以下罚款，对直接负责的主管人员和其他直接责任人员处一万元以上十万元以下罚款”。

关联法规

《数据安全法》

第六十条 【妨碍执法的法律责任】违反本法规定，有下列行为之一，构成犯罪的，依法追究刑事责任；尚不构成犯罪的，由国家安全机关予以警告或者处十日以下行政拘留，可以并处三万元以下罚款：

（一）泄露有关反间谍工作的国家秘密；

（二）明知他人有间谍犯罪行为，在国家安全机关向其调查有关情况、收集有关证据时，拒绝提供；

（三）故意阻碍国家安全机关依法执行任务；

（四）隐藏、转移、变卖、损毁国家安全机关依法查封、扣押、冻结的财物；

（五）明知是间谍行为的涉案财物而窝藏、转移、收购、代为销售或者以其他方法掩饰、隐瞒；

（六）对依法支持、协助国家安全机关工作的个人和组织进行打击报复。

条文注释

本条是关于妨碍国家安全机关执法的法律责任的规定。

本条共列出了 6 项妨碍国家安全机关执法的情形，构成犯罪的，依法追究刑事责任；尚不构成犯罪的，由国家安全机关予以警告或者处 10 日以下行政拘留，可以并处 3 万元以下罚款。

本条第 1 项“泄露有关反间谍工作的国家秘密”。关于泄露有关反间谍工作的国家秘密的法律责任，需要区分情节轻重，分别追究刑事责任，或者予以行政处罚。关于追究刑事责任，《刑法》第 398 条规定了泄露国家秘密罪，根据该规定，故意或者过失泄露国家秘密，情节严重的，处3年以下有期徒刑或者拘役；情节特别严重的，处3年以上7年以下有期徒刑。情节较轻，不构成犯罪的，由国家安全机关处10日以下行政拘留；情节严重的，应当依法追究其刑事责任。

本条第2项“明知他人有间谍犯罪行为，在国家安全机关向其调查有关情况、收集有关证据时，拒绝提供”。“间谍行为”参考本法第4条的规定。涉及此项的犯罪，可能适用《刑法》第277条妨害公务罪，对于以暴力、威胁方法阻碍国家机关工作人员依法执行职务的，处3年以下有期徒刑、拘役、管制或者罚金；对于故意阻碍国家安全机关、公安机关依法执行国家安全工作任务，未使用暴力、威胁方法，造成严重后果的，依照前述规定处罚。如果涉及间谍犯罪，可以适用《刑法》第311条拒绝提供间谍犯罪、恐怖主义犯罪、极端主义犯罪证据罪的规定，处3年以下有期徒刑、拘役或者管制。

本条第3项“故意阻碍国家安全机关依法执行任务”。对于符合此项情形构成犯罪的，可能适用《刑法》第277条妨害公务罪的规定。

本条第4项“隐藏、转移、变卖、损毁国家安全机关依法查封、扣押、冻结的财物”。“隐藏”是指将财物私自隐匿，躲避国家安全机关的查处。“转移”主要是指将已被查封、扣押的物品转移到他处，或者将已被冻结的资金私自取出或转账到其他账户，脱离国家安全机关的实际控制。“变卖”是指擅自将财物作价出卖。“损毁”是指使用破坏性手段使财物毁损或者灭失。对于符合本条第4项情形构成犯罪的，可能适用《刑法》第310条窝藏、包庇罪的规定，也可能适用《刑法》第312条掩饰、隐瞒犯罪所得、犯罪所得收益罪的规定，还可能适用《刑法》第314条非法处置查封、扣押、冻结的财产罪的规定。

本条第5项“明知是间谍行为的涉案财物而窝藏、转移、收购、代为销售或者以其他方法掩饰、隐瞒”。“窝藏”是指使用各种方法将财物隐藏起来，或者替违法犯罪行为人保存财物，不让国家安全机关发现。“转移”是指将财物移至他处，使国家安全机关不能查获。“收购”是指收买财物。“代为销售”是指代违法犯罪行为人将财物出卖。“其他方法”是指窝藏、转移、收购、代为销售以外的其他掩饰、隐瞒的方法。对于符合本条第5项情形构成犯罪的，可能适用《刑法》第310条窝藏、包庇罪的规定，也可能适用《刑法》第312条掩饰、隐瞒犯罪所得、犯罪所得收益罪的规定。

本条第6项“对依法支持、协助国家安全机关工作的个人和组织进行打击报复”。对于此项情形构成犯罪的，可能适用《刑法》第308条打击报复证人罪的规定，也可能适用《刑法》第234条故意伤害罪的规定。

关联法规

《刑法》第111、234、277、308、310~312、314、398条

第六十一条　【非法获取、持有国家秘密的法律责任】非法获取、持有属于国家秘密的文件、数据、资料、物品，以及非法生产、销售、持有、使用专用间谍器材，尚不构成犯罪的，由国家安全机关予以警告或者处十日以下行政拘留。

条文注释

本条是关于非法获取、持有国家秘密的法律责任的规定。

根据本条规定，行为人实施非法获取、持有属于国家秘密的文件、数据、资料、物品，以及非法生产、销售、持有、使用专用间谍器材这两种行为，尚不构成犯罪的，由国家安全机关予以警告或者处10日以下行政拘留。行为人实施上述行为，构成犯罪的，可以依照《刑法》第282条非法获取国家秘密罪、非法持有国家绝密、机密文件、资料、物品罪以及《刑法》第283条非法生产、销售专用间谍器材、窃听、窃照专用器材罪追究刑事责任。

关联法规

《刑法》第282、283条

第六十二条　【对查封、扣押、冻结财物的处理】国家安全机关对依照本法查封、扣押、冻结的财物，应当妥善保管，并按照下列情形分别处理：

（一）涉嫌犯罪的，依照《中华人民共和国刑事诉讼法》等有关法律的规定处理；

（二）尚不构成犯罪，有违法事实的，对依法应当没收的予以没收，依法应当销毁的予以销毁；

（三）没有违法事实的，或者与案件无关的，应当解除查封、扣押、冻结，并及时返还相关财物；造成损失的，应当依法予以赔偿。

关联法规

《刑事诉讼法》第141、142、145、300条

《行政强制法》第21～33条

第六十三条 【对涉案财物的处理】涉案财物符合下列情形之一的，应当依法予以追缴、没收，或者采取措施消除隐患：

（一）违法所得的财物及其孳息、收益，供实施间谍行为所用的本人财物；

（二）非法获取、持有的属于国家秘密的文件、数据、资料、物品；

（三）非法生产、销售、持有、使用的专用间谍器材。

条文注释

本条是关于对涉案财物处理的规定。

“孳息”，是指财物所产生的收益，包括天然孳息和法定孳息。天然孳息是指依物的自然属性所产生的物。天然孳息的范围非常广，主要来源于种植业和养殖业，如耕作土地获得粮食和其他出产物，种植果树产生果实，养殖牲畜获得各种仔畜和奶产品等。法定孳息是指依一定的法律关系由原物所生的物，是原物的所有权人进行租赁、投资等特定的民事活动而应当获得的合法收益，如房屋出租所得的租金，依股本金所得的股息等。这里的“孳息”主要是法定孳息。“收益”，包括但不限于以下情形：(1)财产直接产生的收益，如

使用涉案财产购买彩票中奖所得收益等。(2)财产用于违法犯罪活动产生的收益,如使用涉案财产赌博赢利所得收益、非法放贷所得收益、购买并贩卖毒品所得收益等。(3)财产投资、置业形成的财产及其收益。(4)财产和其他合法财产共同投资或者置业形成的财产中与涉案财产对应的份额及其收益。(5)应当认定为收益的其他情形。"供实施间谍行为所用的本人财物",是指供行为人实施间谍行为而使用的属于该行为人本人所有的钱款和物品,如用于实施间谍行为的通信工具等。

关联法规

《保守国家秘密法》第 2、28 条

《反间谍法实施细则》第 18 条

第六十四条　【对非法获取利益的处理】行为人及其近亲属或者其他相关人员,因行为人实施间谍行为从间谍组织及其代理人获取的所有利益,由国家安全机关依法采取追缴、没收等措施。

条文注释

本条是关于行为人实施间谍行为从间谍组织及其代理人获取利益的处理的规定。

本条中的"近亲属"一般是指行为人的配偶、父母、子女、兄弟姐妹、祖父母、外祖父母、孙子女、外孙子女等。"其他相关人员"是指其他与行为人关系密切的人员。"追缴"是指对于因实施间谍行为获取的利益,已经转移、隐藏的,由国家安全机关追查下落、强制收缴。"没收"是指将行为人及其近亲属或者其他相关人员,因行为人实施间谍行为从间谍组织及其代理人获取的利益强制收归国有。另外,根据本法第 65 条的规定,没收的财物一律上缴国库。

关联法规

《刑法》第 53、64 条

《反间谍法实施细则》第 4 条

《民法典》第 1045 条

第六十五条　【上缴国库】国家安全机关依法收缴的罚款以及没收的财物，一律上缴国库。

条文注释

本条是关于国家安全机关依法收缴的罚款等一律上缴国库的规定。

根据本条规定，上缴国库包括国家安全机关依法收缴的罚款和没收的财物两类。"罚款"是指行政机关对实施行政违法行为的当事人作出的一种经济性制裁，通过使当事人财产受到损失的方法达到惩戒的目的。罚款属于财产罚，财产罚是指行政机关剥夺违法者因违法行为所获经济利益及其部分财产，通过经济制裁手段实现惩戒目的的行政处罚。罚款是最为常用、最普遍的行政处罚，大量法律、行政法规、部门规章、地方性法规、地方政府规章规定了罚款的行政处罚。同"罚款"一样，"没收"也属于财产罚。《行政处罚法》规定了没收违法所得和没收非法财物。没收违法所得是指行政机关依法将当事人因从事违法行为而获得的金钱收入等强制无偿收归国有的一种行政处罚。违法所得是指实施违法行为所取得的款项，原则上不扣除成本。没收非法财物是指行政机关依法将当事人从事违法行为过程中的违禁物品、违法财物和违法工具强制无偿收归国有的一种行政处罚。

关联法规

《刑法》第64条

第六十六条　【境外人员违法的法律责任】境外人员违反本法的，国务院国家安全主管部门可以决定限期出境，并决定其不准入境的期限。未在规定期限内离境的，可以遣送出境。

对违反本法的境外人员，国务院国家安全主管部门决定驱逐出境的，自被驱逐出境之日起十年内不准入境，国务院国家安全主管部门的处罚决定为最终决定。

条文注释

本条是关于违反本法的境外人员限期离境、驱逐出境的规定。

本条中的“境外人员”，是指主要居住在我国国(边)境外的人，包括外国人、无国籍人以及其他境外人员。“限期出境”，是指强制违法的境外人员在一定时间内离开我国国(边)境的行政处罚。本条中的“境”指的是“国境”和“边境”。境外人员未在规定期限内离境的，可以遣送出境。遣送出境是指对非法入境、非法居留、非法就业等境外人员采用必要手段使其离开国境的措施。

“驱逐出境”，是指对违法犯罪的境外人员，在限定的期限内，采用强制手段强行将其押解出境的处罚。我国法律规定的“驱逐出境”包括两种情况：一种情况是作为行政处罚措施的驱逐出境。《出境入境管理法》第 81 条第 2 款规定，外国人违反该法规定，情节严重，尚不构成犯罪的，公安部可以处驱逐出境。另一种情况是作为刑事处置措施的驱逐出境。《刑法》第 35 条规定，对于犯罪的外国人，可以独立适用或者附加适用驱逐出境。

关联法规

《出境入境管理法》第 62～69 条

《公安机关办理行政案件程序规定》第 247 条

第六十七条 【行政处罚前的法定事项告知】国家安全机关作出行政处罚决定之前，应当告知当事人拟作出的行政处罚内容及事实、理由、依据，以及当事人依法享有的陈述、申辩、要求听证等权利，并依照《中华人民共和国行政处罚法》的有关规定实施。

条文注释

本条是关于国家安全机关作出行政处罚决定之前应当告知当事人法定事项的规定。

告知是一项重要程序制度。告知程序是行政处罚的必经程序，对国家安全机关而言，是一项法定义务，必须履行；对当事人而言，是对其知情权的保护。告知的内容包括拟作出的行政处罚内容及事实、理由、依据和当事人依法享有的陈述、申辩、要求听证等权利。国家安全机关履行告知义务,告知的内容包括两个方面:一是告知当事人拟作出的行政处罚内容及事实、理由、依据。这是指国家安全机关应当告诉当事人拟作出行政处罚的种类、具体数额或数量,具体的违法事实对违法行为作出处罚决定的原因,违反的法律、法规、规章的具体规定。二是告知当事人依法享有陈述、申辩和要求听证等权利。这是当事人行使相应权利的前提。反间谍工作具有较强的专业性、技术性和隐蔽性,有的当事人缺乏法律和专业知识,不能很好地了解自己享有的权利,如果国家安全机关不予告知,当事人可能错过权利救济的机会。当事人及时获知自己享有的权利,就可以依法保护自己的合法权益,防止国家安全机关滥用行政处罚权。

另外,需要注意的是,"陈述"主要是陈述事实和理由,提出自己的主张和证据。"申辩"主要是解释辩解,反驳对自己不利的意见和证据。通过陈述、申辩,当事人可以表达意见,有效避免国家安全机关作出不当判断。陈述权和申辩权是当事人的重要权利,受法律保护。听证制度是一项很重要的程序制度。其要求国家安全机关在作出行政处罚决定之前听取当事人的意见,赋予了当事人为自己申辩和质证的权利。这对于规范行政处罚实施,保护当事人合法权益很有意义。

关联法规

《行政处罚法》第7、44、45、63~65条

第六十八条 【行政复议、行政诉讼】当事人对行政处罚决定、行政强制措施决定、行政许可决定不服的,可以自收到决定书之日起六十日内,依法申请复议;对复议决定不服的,可以自收到复议决定书之日起十五日内,依法向人民法院提起诉讼。

条文注释

本条是关于当事人对行政处罚决定、行政强制措施决定、行政许可决定不服的,可以依法申请行政复议、行政诉讼的规定。

行政处罚,是指行政机关依法对违反行政管理秩序的公民、法

人或者其他组织，以减损权益或者增加义务的方式予以惩戒的行为。行政强制措施，是指行政机关在行政管理过程中，为制止违法行为、防止证据损毁避免危害发生、控制危险扩大等情形，依法对公民的人身自由实施暂时性限制，或者对公民、法人或者其他组织的财物实施暂时性控制的行为。行政许可，是指行政机关根据公民、法人或者其他组织的申请，经依法审查，准予其从事特定活动的行为。本法规定的行政处罚决定、行政强制措施决定、行政许可决定，包括给予违法行为人警告、罚款、行政拘留、暂扣或者吊销许可证件等行政处罚，对涉嫌用于间谍行为的场所、设施或者财物依法查封、扣押、冻结等行政强制措施，由国家安全机关实施的涉及国家安全事项的建设项目许可等行政许可。

关联法规

《行政复议法》

《行政诉讼法》

第六十九条　【国家安全机关工作人员的法律责任】国家安全机关工作人员滥用职权、玩忽职守、徇私舞弊，或者有非法拘禁、刑讯逼供、暴力取证、违反规定泄露国家秘密、工作秘密、商业秘密和个人隐私、个人信息等行为，依法予以处分，构成犯罪的，依法追究刑事责任。

条文注释

本条是关于国家安全机关工作人员违反法律规定的法律责任的规定。

根据本条规定，国家安全机关工作人员滥用职权、玩忽职守、徇私舞弊，或者有非法拘禁、刑讯逼供、暴力取证、违反规定泄露国家秘密、工作秘密、商业秘密和个人隐私、个人信息等行为，依法予以处分。对公职人员，具有干部管理权限的机关、单位，有权对违法的公职人员给予处分。根据《公务员法》《公职人员政务处分法》的相关规定，处分包括警告、记过、记大过、降级、撤职、开除六类。警告，是对违法公职人员提出的告诫，以促使其认识和改正错误。警告是最轻的一种处分。记过、记大过，是对违法行为的过错予以记载，也是警戒性的处分方式，实际上是严重警告的意思。记过、记大过在性质上属于重于警告的较轻的处分。降级，是一种降低公职人员级别的处分方式。降级处分不仅适用于公务员，而且适用于参照公务员法管理的人员、国有企事业单位管理人员。撤职，是一种撤销公职人员所担任职务的处分方式。被撤职者如果没有同时受到辞退、调离等组织人事处理，仍然是原单位工作人员。撤职适用于违法情节严重、不适宜继续担任现任职务的公职人员。开除，是解除被处分人与原单位人事关系的一种处分，是最严厉的惩罚方式。公职人员被开除后，即不再具有公职人员身份，与原单位的人事关系也随之解除。

"滥用职权"是指国家安全机关工作人员超越职权，违法决定、处理其无权决定、无权处理的事项，或者违反规定处理公务。"玩忽职守"是指国家安全机关工作人员严重不负责任，不履行或者不认真履行职责义务。"徇私舞弊"是指国家安全机关工作人员在履行职责过程中，徇个人私利或者私情而违背职责的行为。"非法拘禁"是指国家安全机关工作人员违反法律规定，对不该关押的人施以拘禁或者其他强制方法剥夺其人身自由的行为。"刑讯逼供"是指在办理刑事案件过程中，为逼取口供对犯罪嫌疑人使用肉刑或者变相肉刑，使其在肉体上或者精神上遭受剧烈疼痛或者痛苦而不得不供述的行为。"暴力取证"是指使用暴力逼取证人证言的行为。

关联法规

《公务员法》第61、62条

《公职人员政务处分法》第2、7～9条

第六章　附　　则

第七十条　【参照适用】国家安全机关依照法律、行政法规和国家有关规定，履行防范、制止和惩治间谍行为以外的危害国家安全行为的职责，适用本法的有关规定。

公安机关在依法履行职责过程中发现、惩治危害国家安全的行为，适用本法的有关规定。

条文注释

本条是关于国家安全机关、公安机关依法履职参照本法相关规定的规定。

本条第1款规定，国家安全机关依照法律、行政法规和国家有关规定，履行防范、制止和惩治间谍行为以外的危害国家安全行为的职责，适用本法的有关规定。本法是反间谍领域的专门立法，相关制度、政策、措施、程序、法律责任等主要是为了加强反间谍工作，高质量地防范、制止和惩治间谍行为。因此，对于防范制止和惩治间谍行为以外的危害国家安全的行为，不是所有的规定都可以适用，而是适用本法的"有关规定"。具体而言，有些规定只能适用于反间谍工作，并不能适用于防范、制止和惩治其他危害国家安全的犯罪。但是，当国家安全机关为了履行防范、制止和惩治间谍行为以外的危害国家安全行为的职责时，"适用本法的有关规定"，在享有相关职权的同时，又受本法有关该职权行使的规范的约束。

本条第2款规定，公安机关在依法履行职责过程中发现、惩治危害国家安全的行为，适用本法的有关规定。根据《刑法》《刑事诉讼法》《人民警察法》《治安管理处罚法》《反恐怖主义法》《网络安全法》《数据安全法》等法律的规定，公安机关也承担着发现、惩治有关危害国家安全行为的职责。按照职责分工，公安机关在承担国家政治安全保卫职责时，发现相关危害国家安全的行为更适宜由国家安全机关管辖的，应当根据本法的有关规定，与国家安全机关做好联系沟通，将相关涉案证据、线索等移交国家安全机关继续办理。但是，如果由公安机关办理更为合适的，公安机关需要适用本法的有关规定，履行维护国家安全的职责。

第七十一条 【施行日期】本法自2023年7月1日起施行。

附录　相关法规

中华人民共和国反间谍法实施细则

（2017 年 11 月 22 日国务院令第 692 号公布
自公布之日起施行）

第一章　总　　则

第一条　根据《中华人民共和国反间谍法》（以下简称《反间谍法》），制定本实施细则。

第二条　国家安全机关负责本细则的实施。

公安、保密行政管理等其他有关部门和军队有关部门按照职责分工，密切配合，加强协调，依法做好有关工作。

第三条　《反间谍法》所称"境外机构、组织"包括境外机构、组织在中华人民共和国境内设立的分支（代表）机构和分支组织；所称"境外个人"包括居住在中华人民共和国境内不具有中华人民共和国国籍的人。

第四条　《反间谍法》所称"间谍组织代理人"，是指受间谍组织或者其成员的指使、委托、资助，进行或者授意、指使他人进行危害中华人民共和国国家安全活动的人。

间谍组织和间谍组织代理人由国务院国家安全主管部门确认。

第五条　《反间谍法》所称"敌对组织"，是指敌视中华人民共和国人民民主专政的政权和社会主义制度，危害国家安全的组织。

敌对组织由国务院国家安全主管部门或者国务院公安部门确认。

第六条　《反间谍法》所称"资助"实施危害中华人民共和国国家安全的间谍行为，是指境内外机构、组织、个人的下列行为：

（一）向实施间谍行为的组织、个人提供经费、场所和物资的；

（二）向组织、个人提供用于实施间谍行为的经费、场所和物资的。

第七条 《反间谍法》所称"勾结"实施危害中华人民共和国国家安全的间谍行为，是指境内外组织、个人的下列行为：

（一）与境外机构、组织、个人共同策划或者进行危害国家安全的间谍活动的；

（二）接受境外机构、组织、个人的资助或者指使，进行危害国家安全的间谍活动的；

（三）与境外机构、组织、个人建立联系，取得支持、帮助，进行危害国家安全的间谍活动的。

第八条 下列行为属于《反间谍法》第三十九条所称"间谍行为以外的其他危害国家安全行为"：

（一）组织、策划、实施分裂国家、破坏国家统一，颠覆国家政权、推翻社会主义制度的；

（二）组织、策划、实施危害国家安全的恐怖活动的；

（三）捏造、歪曲事实，发表、散布危害国家安全的文字或者信息，或者制作、传播、出版危害国家安全的音像制品或者其他出版物的；

（四）利用设立社会团体或者企业事业组织，进行危害国家安全活动的；

（五）利用宗教进行危害国家安全活动的；

（六）组织、利用邪教进行危害国家安全活动的；

（七）制造民族纠纷，煽动民族分裂，危害国家安全的；

（八）境外个人违反有关规定，不听劝阻，擅自会见境内有危害国家安全行为或者有危害国家安全行为重大嫌疑的人员的。

第二章 国家安全机关在反间谍工作中的职权

第九条 境外个人被认为入境后可能进行危害中华人民共和国国家安全活动的，国务院国家安全主管部门可以决定其在一定时期内不得入境。

第十条 对背叛祖国、危害国家安全的犯罪嫌疑人，依据《反间谍法》第八条的规定，国家安全机关可以通缉、追捕。

第十一条 国家安全机关依法执行反间谍工作任务时，有权向有关组织和人员调查询问有关情况。

第十二条　国家安全机关工作人员依法执行反间谍工作任务时，对发现身份不明、有危害国家安全行为的嫌疑人员，可以检查其随带物品。

第十三条　国家安全机关执行反间谍工作紧急任务的车辆，可以配置特别通行标志和警灯、警报器。

第十四条　国家安全机关工作人员依法执行反间谍工作任务的行为，不受其他组织和个人的非法干涉。

国家安全机关工作人员依法执行反间谍工作任务时，应当出示国家安全部侦察证或者其他相应证件。

国家安全机关及其工作人员在工作中，应当严格依法办事，不得超越职权、滥用职权，不得侵犯组织和个人的合法权益。

第三章　公民和组织维护国家安全的义务和权利

第十五条　机关、团体和其他组织对本单位的人员进行维护国家安全的教育，动员、组织本单位的人员防范、制止间谍行为的工作，应当接受国家安全机关的协调和指导。

机关、团体和其他组织不履行《反间谍法》和本细则规定的安全防范义务，未按照要求整改或者未达到整改要求的，国家安全机关可以约谈相关负责人，将约谈情况通报该单位上级主管部门，推动落实防范间谍行为和其他危害国家安全行为的责任。

第十六条　下列情形属于《反间谍法》第七条所称“重大贡献”：

（一）为国家安全机关提供重要线索，发现、破获严重危害国家安全的犯罪案件的；

（二）为国家安全机关提供重要情况，防范、制止严重危害国家安全的行为发生的；

（三）密切配合国家安全机关执行国家安全工作任务，表现突出的；

（四）为维护国家安全，与危害国家安全的犯罪分子进行斗争，表现突出的；

（五）在教育、动员、组织本单位的人员防范、制止危害国家安全行为的工作中，成绩显著的。

第十七条 《反间谍法》第二十四条所称“非法持有属于国家秘密的文件、资料和其他物品”是指：

（一）不应知悉某项国家秘密的人员携带、存放属于该项国家秘密的文件、资料和其他物品的；

（二）可以知悉某项国家秘密的人员，未经办理手续，私自携带、留存属于该项国家秘密的文件、资料和其他物品的。

第十八条 《反间谍法》第二十五条所称“专用间谍器材”，是指进行间谍活动特殊需要的下列器材：

（一）暗藏式窃听、窃照器材；

（二）突发式收发报机、一次性密码本、密写工具；

（三）用于获取情报的电子监听、截收器材；

（四）其他专用间谍器材。

专用间谍器材的确认，由国务院国家安全主管部门负责。

第四章　法律责任

第十九条 实施危害国家安全的行为，由有关部门依法予以处分，国家安全机关也可以予以警告；构成犯罪的，依法追究刑事责任。

第二十条 下列情形属于《反间谍法》第二十七条所称“立功表现”：

（一）揭发、检举危害国家安全的其他犯罪分子，情况属实的；

（二）提供重要线索、证据，使危害国家安全的行为得以发现和制止的；

（三）协助国家安全机关、司法机关捕获其他危害国家安全的犯罪分子的；

（四）对协助国家安全机关维护国家安全有重要作用的其他行为。

“重大立功表现”，是指在前款所列立功表现的范围内对国家安全工作有特别重要作用的。

第二十一条 有证据证明知道他人有间谍行为，或者经国家安全机关明确告知他人有危害国家安全的犯罪行为，在国家安全机关向其调查有关情况、收集有关证据时，拒绝提供的，依照《反间谍法》第二十九条的规定处理。

第二十二条 国家安全机关依法执行反间谍工作任务时，公民和组织依法有义务提供便利条件或者其他协助，拒不提供或者拒不协助，构成故意阻碍国家安全机关依法执行反间谍工作任务的，依照《反间谍法》第三十条的规定处罚。

第二十三条 故意阻碍国家安全机关依法执行反间谍工作任务，造成国家安全机关工作人员人身伤害或者财物损失的，应当依法承担赔偿责任，并由司法机关或者国家安全机关依照《反间谍法》第三十条的规定予以处罚。

第二十四条 对涉嫌间谍行为的人员，国家安全机关可以决定其在一定期限内不得出境。对违反《反间谍法》的境外个人，国务院国家安全主管部门可以决定限期离境或者驱逐出境，并决定其不得入境的期限。被驱逐出境的境外个人，自被驱逐出境之日起10年内不得入境。

第五章 附　　则

第二十五条 国家安全机关、公安机关依照法律、行政法规和国家有关规定，履行防范、制止和惩治间谍行为以外的其他危害国家安全行为的职责，适用本细则的有关规定。

第二十六条 本细则自公布之日起施行。1994年6月4日国务院发布的《中华人民共和国国家安全法实施细则》同时废止。

中华人民共和国国家安全法

（2015年7月1日第十二届全国人民代表大会常务委员会第十五次会议通过　2015年7月1日中华人民共和国主席令第29号公布　自公布之日起施行）

目　　录

第一章 总　　则

第一条 【立法目的】为了维护国家安全,保卫人民民主专政的政权和中国特色社会主义制度,保护人民的根本利益,保障改革开放和社会主义现代化建设的顺利进行,实现中华民族伟大复兴,根据宪法,制定本法。

第二条 【国家安全】国家安全是指国家政权、主权、统一和领土完整、人民福祉、经济社会可持续发展和国家其他重大利益相对处于没有危险和不受内外威胁的状态,以及保障持续安全状态的能力。

第三条 【立法基础】国家安全工作应当坚持总体国家安全观,以人民安全为宗旨,以政治安全为根本,以经济安全为基础,以军事、文化、社会安全为保障,以促进国际安全为依托,维护各领域国家安全,构建国家安全体系,走中国特色国家安全道路。

第四条 【中国共产党领导原则】坚持中国共产党对国家安全工作的领导,建立集中统一、高效权威的国家安全领导体制。

第五条 【中央国家安全领导机构】中央国家安全领导机构负责国家安全工作的决策和议事协调,研究制定、指导实施国家安全战略和有关重大方针政策,统筹协调国家安全重大事项和重要工作,推动国家安全法治建设。

第六条 【制定完善国家安全战略】国家制定并不断完善国家安全战略,全面评估国际、国内安全形势,明确国家安全战略的指导方针、中长期目标、重点领域的国家安全政策、工作任务和措施。

第七条　【基本原则】维护国家安全,应当遵守宪法和法律,坚持社会主义法治原则,尊重和保障人权,依法保护公民的权利和自由。

第八条　【与经济发展相协调原则、全面统筹原则】维护国家安全,应当与经济社会发展相协调。

国家安全工作应当统筹内部安全和外部安全、国土安全和国民安全、传统安全和非传统安全、自身安全和共同安全。

第九条　【适用原则】维护国家安全,应当坚持预防为主、标本兼治,专门工作与群众路线相结合,充分发挥专门机关和其他有关机关维护国家安全的职能作用,广泛动员公民和组织,防范、制止和依法惩治危害国家安全的行为。

第十条　【共同发展原则】维护国家安全,应当坚持互信、互利、平等、协作,积极同外国政府和国际组织开展安全交流合作,履行国际安全义务,促进共同安全,维护世界和平。

第十一条　【全体参与原则】中华人民共和国公民、一切国家机关和武装力量、各政党和各人民团体、企业事业组织和其他社会组织,都有维护国家安全的责任和义务。

中国的主权和领土完整不容侵犯和分割。维护国家主权、统一和领土完整是包括港澳同胞和台湾同胞在内的全中国人民的共同义务。

第十二条　【奖励表彰】国家对在维护国家安全工作中作出突出贡献的个人和组织给予表彰和奖励。

第十三条　【责任追究】国家机关工作人员在国家安全工作和涉及国家安全活动中,滥用职权、玩忽职守、徇私舞弊的,依法追究法律责任。

任何个人和组织违反本法和有关法律,不履行维护国家安全义务或者从事危害国家安全活动的,依法追究法律责任。

第十四条　【国家安全教育日】每年4月15日为全民国家安全教育日。

第二章　维护国家安全的任务

第十五条　【维护内容】国家坚持中国共产党的领导,维护中国特色社会主义制度,发展社会主义民主政治,健全社会主义法治,强化权力运行制约和监督机制，保障人民当家作主的各项权利。

国家防范、制止和依法惩治任何叛国、分裂国家、煽动叛乱、颠覆或者煽动颠覆人民民主专政政权的行为；防范、制止和依法惩治窃取、泄露国家秘密等危害国家安全的行为；防范、制止和依法惩治境外势力的渗透、破坏、颠覆、分裂活动。

第十六条　【维护公民权益】国家维护和发展最广大人民的根本利益，保卫人民安全，创造良好生存发展条件和安定工作生活环境，保障公民的生命财产安全和其他合法权益。

第十七条　【维护国家主权】国家加强边防、海防和空防建设，采取一切必要的防卫和管控措施，保卫领陆、内水、领海和领空安全，维护国家领土主权和海洋权益。

第十八条　【加强武装力量】国家加强武装力量革命化、现代化、正规化建设，建设与保卫国家安全和发展利益需要相适应的武装力量；实施积极防御军事战略方针，防备和抵御侵略，制止武装颠覆和分裂；开展国际军事安全合作，实施联合国维和、国际救援、海上护航和维护国家海外利益的军事行动，维护国家主权、安全、领土完整、发展利益和世界和平。

第十九条　【维护经济利益】国家维护国家基本经济制度和社会主义市场经济秩序，健全预防和化解经济安全风险的制度机制，保障关系国民经济命脉的重要行业和关键领域、重点产业、重大基础设施和重大建设项目以及其他重大经济利益安全。

第二十条　【维护金融安全】国家健全金融宏观审慎管理和金融风险防范、处置机制，加强金融基础设施和基础能力建设，防范和化解系统性、区域性金融风险，防范和抵御外部金融风险的冲击。

第二十一条　【资源能源】国家合理利用和保护资源能源，有效管控战略资源能源的开发，加强战略资源能源储备，完善资源能源运输战略通道建设和安全保护措施，加强国际资源能源合作，全面提升应急保障能力，保障经济社会发展所需的资源能源持续、可靠和有效供给。

第二十二条　【粮食安全】国家健全粮食安全保障体系，保护和提高粮食综合生产能力，完善粮食储备制度、流通体系和市场调控机制，健全粮食安全预警制度，保障粮食供给和质量安全。

第二十三条　【文化发展】国家坚持社会主义先进文化前进方向，继承和弘扬中华民族优秀传统文化，培育和践行社会主义核心价值观，防范和抵制不良文化的影响，掌握意识形态领域主导权，增强文化整体实力和竞争力。

第二十四条　【技术发展】国家加强自主创新能力建设，加快发展自主可控的战略高新技术和重要领域核心关键技术，加强知识产权的运用、保护和科技保密能力建设，保障重大技术和工程的安全。

第二十五条　【网络安全】国家建设网络与信息安全保障体系，提升网络与信息安全保护能力，加强网络和信息技术的创新研究和开发应用，实现网络和信息核心技术、关键基础设施和重要领域信息系统及数据的安全可控；加强网络管理，防范、制止和依法惩治网络攻击、网络入侵、网络窃密、散布违法有害信息等网络违法犯罪行为，维护国家网络空间主权、安全和发展利益。

第二十六条　【民族政策】国家坚持和完善民族区域自治制度，巩固和发展平等团结互助和谐的社会主义民族关系。坚持各民族一律平等，加强民族交往、交流、交融，防范、制止和依法惩治民族分裂活动，维护国家统一、民族团结和社会和谐，实现各民族共同团结奋斗、共同繁荣发展。

第二十七条　【宗教政策】国家依法保护公民宗教信仰自由和正常宗教活动，坚持宗教独立自主自办的原则，防范、制止和依法惩治利用宗教名义进行危害国家安全的违法犯罪活动，反对境外势力干涉境内宗教事务，维护正常宗教活动秩序。

国家依法取缔邪教组织，防范、制止和依法惩治邪教违法犯罪活动。

第二十八条　【反恐】国家反对一切形式的恐怖主义和极端主义，加强防范和处置恐怖主义的能力建设，依法开展情报、调查、防范、处置以及资金监管等工作，依法取缔恐怖活动组织和严厉惩治暴力恐怖活动。

第二十九条　【维护公共安全及社会安定】国家健全有效预防和化解社会矛盾的体制机制，健全公共安全体系，积极预防、减少和化解社会矛盾，妥善处置公共卫生、社会安全等影响国家安全和社会稳定的突发事件，促进社会和谐，维护公共安全和社会安定。

第三十条　【生态环境保护】国家完善生态环境保护制度体系，加大生态建设和环境保护力度，划定生态保护红线，强化生态风险的预警和防控，妥善处置突发环境事件，保障人民赖以生存发展的大气、水、土壤等自然环境和条件不受威胁和破坏，促进人与自然和谐发展。

第三十一条 【核技术】国家坚持和平利用核能和核技术，加强国际合作，防止核扩散，完善防扩散机制，加强对核设施、核材料、核活动和核废料处置的安全管理、监管和保护，加强核事故应急体系和应急能力建设，防止、控制和消除核事故对公民生命健康和生态环境的危害，不断增强有效应对和防范核威胁、核攻击的能力。

第三十二条 【外层空间、国际海底区域、极地的探索利用】国家坚持和平探索和利用外层空间、国际海底区域和极地，增强安全进出、科学考察、开发利用的能力，加强国际合作，维护我国在外层空间、国际海底区域和极地的活动、资产和其他利益的安全。

第三十三条 【保护海外利益】国家依法采取必要措施，保护海外中国公民、组织和机构的安全和正当权益，保护国家的海外利益不受威胁和侵害。

第三十四条 【完善维护】国家根据经济社会发展和国家发展利益的需要，不断完善维护国家安全的任务。

第三章 维护国家安全的职责

第三十五条 【全国人大及常委会职权】全国人民代表大会依照宪法规定，决定战争和和平的问题，行使宪法规定的涉及国家安全的其他职权。

全国人民代表大会常务委员会依照宪法规定，决定战争状态的宣布，决定全国总动员或者局部动员，决定全国或者个别省、自治区、直辖市进入紧急状态，行使宪法规定的和全国人民代表大会授予的涉及国家安全的其他职权。

第三十六条 【主席职权】中华人民共和国主席根据全国人民代表大会的决定和全国人民代表大会常务委员会的决定，宣布进入紧急状态，宣布战争状态，发布动员令，行使宪法规定的涉及国家安全的其他职权。

第三十七条 【国务院职权】国务院根据宪法和法律，制定涉及国家安全的行政法规，规定有关行政措施，发布有关决定和命令；实施国家安全法律法规和政策；依照法律规定决定省、自治区、直辖市的范围内部分地区进入紧急状态；行使宪法法律规定的和全国人民代表大会及其常务委员会授予的涉及国家安全的其他职权。

第三十八条 【中央军事委员会职权】中央军事委员会领导全国武装力

量,决定军事战略和武装力量的作战方针,统一指挥维护国家安全的军事行动,制定涉及国家安全的军事法规,发布有关决定和命令。

第三十九条　【中央国家机关职权】中央国家机关各部门按照职责分工,贯彻执行国家安全方针政策和法律法规,管理指导本系统、本领域国家安全工作。

第四十条　【地方各级人大及其常委会、人民政府、特别行政区职权】地方各级人民代表大会和县级以上地方各级人民代表大会常务委员会在本行政区域内,保证国家安全法律法规的遵守和执行。

地方各级人民政府依照法律法规规定管理本行政区域内的国家安全工作。

香港特别行政区、澳门特别行政区应当履行维护国家安全的责任。

第四十一条　【法院、检察院职权】人民法院依照法律规定行使审判权,人民检察院依照法律规定行使检察权,惩治危害国家安全的犯罪。

第四十二条　【国家安全机关、公安机关、军事机关职权】国家安全机关、公安机关依法搜集涉及国家安全的情报信息,在国家安全工作中依法行使侦查、拘留、预审和执行逮捕以及法律规定的其他职权。

有关军事机关在国家安全工作中依法行使相关职权。

第四十三条　【国家机关及其工作人员依法履行职责】国家机关及其工作人员在履行职责时,应当贯彻维护国家安全的原则。

国家机关及其工作人员在国家安全工作和涉及国家安全活动中,应当严格依法履行职责,不得超越职权、滥用职权,不得侵犯个人和组织的合法权益。

第四章　国家安全制度

第一节　一般规定

第四十四条　【统分结合、协调高效的领导机制】中央国家安全领导机构实行统分结合、协调高效的国家安全制度与工作机制。

第四十五条　【重点领域工作协调机制】国家建立国家安全重点领域工

作协调机制,统筹协调中央有关职能部门推进相关工作。

第四十六条 【督促检查和责任追究机制】国家建立国家安全工作督促检查和责任追究机制,确保国家安全战略和重大部署贯彻落实。

第四十七条 【采取有效措施】各部门、各地区应当采取有效措施,贯彻实施国家安全战略。

第四十八条 【跨部门会商工作机制】国家根据维护国家安全工作需要,建立跨部门会商工作机制,就维护国家安全工作的重大事项进行会商研判,提出意见和建议。

第四十九条 【协同联动机制】国家建立中央与地方之间、部门之间、军地之间以及地区之间关于国家安全的协同联动机制。

第五十条 【决策咨询机制】国家建立国家安全决策咨询机制,组织专家和有关方面开展对国家安全形势的分析研判,推进国家安全的科学决策。

第二节 情报信息

第五十一条 【情报信息工作协调机制】国家健全统一归口、反应灵敏、准确高效、运转顺畅的情报信息收集、研判和使用制度,建立情报信息工作协调机制,实现情报信息的及时收集、准确研判、有效使用和共享。

第五十二条 【职责分工、及时上报机制】国家安全机关、公安机关、有关军事机关根据职责分工,依法搜集涉及国家安全的情报信息。

国家机关各部门在履行职责过程中,对于获取的涉及国家安全的有关信息应当及时上报。

第五十三条 【运用现代科技手段】开展情报信息工作,应当充分运用现代科学技术手段,加强对情报信息的鉴别、筛选、综合和研判分析。

第五十四条 【情报信息报送】情报信息的报送应当及时、准确、客观,不得迟报、漏报、瞒报和谎报。

第三节 风险预防、评估和预警

第五十五条 【国家安全风险预案】国家制定完善应对各领域国家安全风险预案。

第五十六条　【风险评估机制】国家建立国家安全风险评估机制，定期开展各领域国家安全风险调查评估。

有关部门应当定期向中央国家安全领导机构提交国家安全风险评估报告。

第五十七条　【风险监测预警制度】国家健全国家安全风险监测预警制度，根据国家安全风险程度，及时发布相应风险预警。

第五十八条　【报告制度】对可能即将发生或者已经发生的危害国家安全的事件，县级以上地方人民政府及其有关主管部门应当立即按照规定向上一级人民政府及其有关主管部门报告，必要时可以越级上报。

第四节　审查监管

第五十九条　【审查监管制度】国家建立国家安全审查和监管的制度和机制，对影响或者可能影响国家安全的外商投资、特定物项和关键技术、网络信息技术产品和服务、涉及国家安全事项的建设项目，以及其他重大事项和活动，进行国家安全审查，有效预防和化解国家安全风险。

第六十条　【依法审查及监督】中央国家机关各部门依照法律、行政法规行使国家安全审查职责，依法作出国家安全审查决定或者提出安全审查意见并监督执行。

第六十一条　【省、自治区、直辖市审查监管】省、自治区、直辖市依法负责本行政区域内有关国家安全审查和监管工作。

第五节　危机管控

第六十二条　【国家安全危机管控制度】国家建立统一领导、协同联动、有序高效的国家安全危机管控制度。

第六十三条　【应急预案】发生危及国家安全的重大事件，中央有关部门和有关地方根据中央国家安全领导机构的统一部署，依法启动应急预案，采取管控处置措施。

第六十四条　【特别重大事件依法采取措施】发生危及国家安全的特别重大事件，需要进入紧急状态、战争状态或者进行全国总动员、局部动员的，由全国人民代表大会、全国人民代表大会常务委员会或者国务院依照宪法和有关法律规定的权限和程序决定。

第六十五条　【特别措施】国家决定进入紧急状态、战争状态或者实施国防动员后，履行国家安全危机管控职责的有关机关依照法律规定或者全国人民代表大会常务委员会规定，有权采取限制公民和组织权利、增加公民和组织义务的特别措施。

第六十六条　【措施选择】履行国家安全危机管控职责的有关机关依法采取处置国家安全危机的管控措施，应当与国家安全危机可能造成的危害的性质、程度和范围相适应；有多种措施可供选择的，应当选择有利于最大程度保护公民、组织权益的措施。

第六十七条　【信息报告和发布机制】国家健全国家安全危机的信息报告和发布机制。

国家安全危机事件发生后，履行国家安全危机管控职责的有关机关，应当按照规定准确、及时报告，并依法将有关国家安全危机事件发生、发展、管控处置及善后情况统一向社会发布。

第六十八条　【解除措施】国家安全威胁和危害得到控制或者消除后，应当及时解除管控处置措施，做好善后工作。

第五章　国家安全保障

第六十九条　【国家安全保障体系】国家健全国家安全保障体系，增强维护国家安全的能力。

第七十条　【国家安全法律体系】国家健全国家安全法律制度体系，推动国家安全法治建设。

第七十一条　【经费和装备】国家加大对国家安全各项建设的投入，保障国家安全工作所需经费和装备。

第七十二条　【战略物资储备】承担国家安全战略物资储备任务的单位，应当按照国家有关规定和标准对国家安全物资进行收储、保管和维护，定期调整更换，保证储备物资的使用效能和安全。

第七十三条　【鼓励科技创新】鼓励国家安全领域科技创新，发挥科技在维护国家安全中的作用。

第七十四条　【工作人员制度】国家采取必要措施，招录、培养和管理国家安全工作专门人才和特殊人才。

根据维护国家安全工作的需要，国家依法保护有关机关专门从事国家安全工作人员的身份和合法权益，加大人身保护和安置保障力度。

第七十五条　【支持配合】国家安全机关、公安机关、有关军事机关开展国家安全专门工作，可以依法采取必要手段和方式，有关部门和地方应当在职责范围内提供支持和配合。

第七十六条　【宣传教育】国家加强国家安全新闻宣传和舆论引导，通过多种形式开展国家安全宣传教育活动，将国家安全教育纳入国民教育体系和公务员教育培训体系，增强全民国家安全意识。

第六章　公民、组织的义务和权利

第七十七条　【履行义务】公民和组织应当履行下列维护国家安全的义务：

（一）遵守宪法、法律法规关于国家安全的有关规定；

（二）及时报告危害国家安全活动的线索；

（三）如实提供所知悉的涉及危害国家安全活动的证据；

（四）为国家安全工作提供便利条件或者其他协助；

（五）向国家安全机关、公安机关和有关军事机关提供必要的支持和协助；

（六）保守所知悉的国家秘密；

（七）法律、行政法规规定的其他义务。

任何个人和组织不得有危害国家安全的行为，不得向危害国家安全的个人或者组织提供任何资助或者协助。

第七十八条　【安全教育】机关、人民团体、企业事业组织和其他社会组织应当对本单位的人员进行维护国家安全的教育，动员、组织本单位的人员防范、制止危害国家安全的行为。

第七十九条　【配合义务】企业事业组织根据国家安全工作的要求，应当配合有关部门采取相关安全措施。

第八十条　【法律保护】公民和组织支持、协助国家安全工作的行为受法律保护。

因支持、协助国家安全工作，本人或者其近亲属的人身安全面临危险的，可以向公安机关、国家安全机关请求予以保护。公安机关、国家安全机关应当会同有关部门依法采取保护措施。

第八十一条 【抚恤优待】公民和组织因支持、协助国家安全工作导致财产损失的，按照国家有关规定给予补偿；造成人身伤害或者死亡的，按照国家有关规定给予抚恤优待。

第八十二条 【申诉、控告、检举权利】公民和组织对国家安全工作有向国家机关提出批评建议的权利，对国家机关及其工作人员在国家安全工作中的违法失职行为有提出申诉、控告和检举的权利。

第八十三条 【特别措施】在国家安全工作中，需要采取限制公民权利和自由的特别措施时，应当依法进行，并以维护国家安全的实际需要为限度。

第七章 附 则

第八十四条 【施行日期】本法自公布之日起施行。

中华人民共和国国家情报法

（2017年6月27日第十二届全国人民代表大会常务委员会第二十八次会议通过 根据2018年4月27日第十三届全国人民代表大会常务委员会第二次会议《关于修改〈中华人民共和国国境卫生检疫法〉等六部法律的决定》修正）

目 录

第一章　总　　则

第一条　【立法目的】为了加强和保障国家情报工作,维护国家安全和利益,根据宪法,制定本法。

第二条　【国家情报工作意义】国家情报工作坚持总体国家安全观,为国家重大决策提供情报参考,为防范和化解危害国家安全的风险提供情报支持,维护国家政权、主权、统一和领土完整、人民福祉、经济社会可持续发展和国家其他重大利益。

第三条　【国家情报体制】国家建立健全集中统一、分工协作、科学高效的国家情报体制。

中央国家安全领导机构对国家情报工作实行统一领导,制定国家情报工作方针政策,规划国家情报工作整体发展,建立健全国家情报工作协调机制,统筹协调各领域国家情报工作,研究决定国家情报工作中的重大事项。

中央军事委员会统一领导和组织军队情报工作。

第四条　【工作原则】国家情报工作坚持公开工作与秘密工作相结合、专门工作与群众路线相结合、分工负责与协作配合相结合的原则。

第五条　【分工配合】国家安全机关和公安机关情报机构、军队情报机构(以下统称国家情报工作机构)按照职责分工,相互配合,做好情报工作、开展情报行动。

各有关国家机关应当根据各自职能和任务分工,与国家情报工作机构密切配合。

第六条　【国家情报工作机构及其工作人员的职责】国家情报工作机构及其工作人员应当忠于国家和人民,遵守宪法和法律,忠于职守,纪律严明,清正廉洁,无私奉献,坚决维护国家安全和利益。

第七条　【配合义务】任何组织和公民都应当依法支持、协助和配合国家情报工作,保守所知悉的国家情报工作秘密。

国家对支持、协助和配合国家情报工作的个人和组织给予保护。

第八条 【尊重和保障人权】国家情报工作应当依法进行，尊重和保障人权，维护个人和组织的合法权益。

第九条 【表彰和奖励】国家对在国家情报工作中作出重大贡献的个人和组织给予表彰和奖励。

第二章 国家情报工作机构职权

第十条 【根据需要在境内外开展情报工作】国家情报工作机构根据工作需要，依法使用必要的方式、手段和渠道，在境内外开展情报工作。

第十一条 【依法搜集和处理相关情报】国家情报工作机构应当依法搜集和处理境外机构、组织、个人实施或者指使、资助他人实施的，或者境内外机构、组织、个人相勾结实施的危害中华人民共和国国家安全和利益行为的相关情报，为防范、制止和惩治上述行为提供情报依据或者参考。

第十二条 【委托个人和组织开展相关工作】国家情报工作机构可以按照国家有关规定，与有关个人和组织建立合作关系，委托开展相关工作。

第十三条 【对外交流与合作】国家情报工作机构可以按照国家有关规定，开展对外交流与合作。

第十四条 【有权要求协助配合】国家情报工作机构依法开展情报工作，可以要求有关机关、组织和公民提供必要的支持、协助和配合。

第十五条 【技术侦察措施和身份保护措施】国家情报工作机构根据工作需要，按照国家有关规定，经过严格的批准手续，可以采取技术侦察措施和身份保护措施。

第十六条 【进入限制区域执行任务】国家情报工作机构工作人员依法执行任务时，按照国家有关规定，经过批准，出示相应证件，可以进入限制进入的有关区域、场所，可以向有关机关、组织和个人了解、询问有关情况，可以查阅或者调取有关的档案、资料、物品。

第十七条 【通行便利与优先使用征用】国家情报工作机构工作人员因执行紧急任务需要，经出示相应证件，可以享受通行便利。

国家情报工作机构工作人员根据工作需要，按照国家有关规定，可以优先使用或者依法征用有关机关、组织和个人的交通工具、通信工具、场地和建筑物，必要时，可以设置相关工作场所和设备、设施，任务完成后应当及时归还或者恢复原状，并依照规定支付相应费用；造成损失的，应当补偿。

第十八条　【免检便利】国家情报工作机构根据工作需要，按照国家有关规定，可以提请海关、出入境边防检查等机关提供免检等便利。

第十九条　【权利限制】国家情报工作机构及其工作人员应当严格依法办事，不得超越职权、滥用职权，不得侵犯公民和组织的合法权益，不得利用职务便利为自己或者他人谋取私利，不得泄露国家秘密、商业秘密和个人信息。

第三章　国家情报工作保障

第二十条　【法律保护】国家情报工作机构及其工作人员依法开展情报工作，受法律保护。

第二十一条　【特殊保障及管理制度】国家加强国家情报工作机构建设，对其机构设置、人员、编制、经费、资产实行特殊管理，给予特殊保障。

国家建立适应情报工作需要的人员录用、选调、考核、培训、待遇、退出等管理制度。

第二十二条　【提高工作能力】国家情报工作机构应当适应情报工作需要，提高开展情报工作的能力。

国家情报工作机构应当运用科学技术手段，提高对情报信息的鉴别、筛选、综合和研判分析水平。

第二十三条　【保护人身安全】国家情报工作机构工作人员因执行任务，或者与国家情报工作机构建立合作关系的人员因协助国家情报工作，其本人或者近亲属人身安全受到威胁时，国家有关部门应当采取必要措施，予以保护、营救。

第二十四条　【妥善安置】对为国家情报工作作出贡献并需要安置的人员，国家给予妥善安置。

公安、民政、财政、卫生、教育、人力资源社会保障、退役军人事务、医疗保障等有关部门以及国有企业事业单位应当协助国家情报工作机构做好安置工作。

第二十五条　【抚恤优待】对因开展国家情报工作或者支持、协助和配合国家情报工作导致伤残或者牺牲、死亡的人员，按照国家有关规定给予相应的抚恤优待。

个人和组织因支持、协助和配合国家情报工作导致财产损失的，按照国家有关规定给予补偿。

第二十六条 【监督和安全审查制度】国家情报工作机构应当建立健全严格的监督和安全审查制度，对其工作人员遵守法律和纪律等情况进行监督，并依法采取必要措施，定期或者不定期进行安全审查。

第二十七条 【检举、控告】任何个人和组织对国家情报工作机构及其工作人员超越职权、滥用职权和其他违法违纪行为，有权检举、控告。受理检举、控告的有关机关应当及时查处，并将查处结果告知检举人、控告人。

对依法检举、控告国家情报工作机构及其工作人员的个人和组织，任何个人和组织不得压制和打击报复。

国家情报工作机构应当为个人和组织检举、控告、反映情况提供便利渠道，并为检举人、控告人保密。

第四章 法律责任

第二十八条 【阻碍国家情报工作机构及其工作人员工作的法律责任】违反本法规定，阻碍国家情报工作机构及其工作人员依法开展情报工作的，由国家情报工作机构建议相关单位给予处分或者由国家安全机关、公安机关处警告或者十五日以下拘留；构成犯罪的，依法追究刑事责任。

第二十九条 【泄露与国家情报工作有关的国家秘密的法律责任】泄露与国家情报工作有关的国家秘密的，由国家情报工作机构建议相关单位给予处分或者由国家安全机关、公安机关处警告或者十五日以下拘留；构成犯罪的，依法追究刑事责任。

第三十条 【冒充国家情报相关工作人员违法行为的法律责任】冒充国家情报工作机构工作人员或者其他相关人员实施招摇撞骗、诈骗、敲诈勒索等行为的，依照《中华人民共和国治安管理处罚法》的规定处罚；构成犯罪的，依法追究刑事责任。

第三十一条 【国家情报工作机构及其工作人员的法律责任】国家情报工作机构及其工作人员有超越职权、滥用职权，侵犯公民和组织的合法权益，利用职务便利为自己或者他人谋取私利，泄露国家秘密、商业秘密和个人信息等违法违纪行为的，依法给予处分；构成犯罪的，依法追究刑事责任。

第五章　附　　则

第三十二条　【施行日期】本法自2017年6月28日起施行。

中华人民共和国保守国家秘密法

（1988年9月5日第七届全国人民代表大会常务委员会第三次会议通过　2010年4月29日第十一届全国人民代表大会常务委员会第十四次会议第一次修订　2024年2月27日第十四届全国人民代表大会常务委员会第八次会议第二次修订　自2024年5月1日起施行）

目　　录

第一章　总　　则

第一条　【立法目的与依据】为了保守国家秘密，维护国家安全和利益，保障改革开放和社会主义现代化建设事业的顺利进行，根据宪法，制定本法。

第二条　【国家秘密的定义】国家秘密是关系国家安全和利益，依照法定程序确定，在一定时间内只限一定范围的人员知悉的事项。

第三条　【党的领导】坚持中国共产党对保守国家秘密（以下简称保密）工作的领导。中央保密工作领导机构领导全国保密工作，研究制定、指导实施国家保密工作战略和重大方针政策，统筹协调国家保密重大事项和重要工作，推进国家保密法治建设。

第四条　【基本原则】保密工作坚持总体国家安全观，遵循党管保密、依法管理，积极防范、突出重点，技管并重、创新发展的原则，既确保国家秘密安全，又便利信息资源合理利用。

法律、行政法规规定公开的事项，应当依法公开。

第五条　【保密义务】国家秘密受法律保护。

一切国家机关和武装力量、各政党和各人民团体、企业事业组织和其他社会组织以及公民都有保密的义务。

任何危害国家秘密安全的行为，都必须受到法律追究。

第六条　【主管部门】国家保密行政管理部门主管全国的保密工作。县级以上地方各级保密行政管理部门主管本行政区域的保密工作。

第七条　【机关、单位保密职责】国家机关和涉及国家秘密的单位（以下简称机关、单位）管理本机关和本单位的保密工作。

中央国家机关在其职权范围内管理或者指导本系统的保密工作。

第八条　【保密工作责任制】机关、单位应当实行保密工作责任制，依法设置保密工作机构或者指定专人负责保密工作，健全保密管理制度，完善保密防护措施，开展保密宣传教育，加强保密监督检查。

第九条　【宣传教育】国家采取多种形式加强保密宣传教育，将保密教育纳入国民教育体系和公务员教育培训体系，鼓励大众传播媒介面向社会进行保密宣传教育，普及保密知识，宣传保密法治，增强全社会的保密意识。

第十条　【科技创新】国家鼓励和支持保密科学技术研究和应用，提升自主创新能力，依法保护保密领域的知识产权。

第十一条　【工作规划和经费预算】县级以上人民政府应当将保密工作纳入本级国民经济和社会发展规划，所需经费列入本级预算。

机关、单位开展保密工作所需经费应当列入本机关、本单位年度预算或者年度收支计划。

第十二条　【人才队伍建设和表彰奖励】国家加强保密人才培养和队伍

建设，完善相关激励保障机制。

对在保守、保护国家秘密工作中做出突出贡献的组织和个人，按照国家有关规定给予表彰和奖励。

第二章　国家秘密的范围和密级

第十三条　【国家秘密的基本范围】下列涉及国家安全和利益的事项，泄露后可能损害国家在政治、经济、国防、外交等领域的安全和利益的，应当确定为国家秘密：

（一）国家事务重大决策中的秘密事项；

（二）国防建设和武装力量活动中的秘密事项；

（三）外交和外事活动中的秘密事项以及对外承担保密义务的秘密事项；

（四）国民经济和社会发展中的秘密事项；

（五）科学技术中的秘密事项；

（六）维护国家安全活动和追查刑事犯罪中的秘密事项；

（七）经国家保密行政管理部门确定的其他秘密事项。

政党的秘密事项中符合前款规定的，属于国家秘密。

第十四条　【密级】国家秘密的密级分为绝密、机密、秘密三级。

绝密级国家秘密是最重要的国家秘密，泄露会使国家安全和利益遭受特别严重的损害；机密级国家秘密是重要的国家秘密，泄露会使国家安全和利益遭受严重的损害；秘密级国家秘密是一般的国家秘密，泄露会使国家安全和利益遭受损害。

第十五条　【保密事项范围】国家秘密及其密级的具体范围（以下简称保密事项范围），由国家保密行政管理部门单独或者会同有关中央国家机关规定。

军事方面的保密事项范围，由中央军事委员会规定。

保密事项范围的确定应当遵循必要、合理原则，科学论证评估，并根据情况变化及时调整。保密事项范围的规定应当在有关范围内公布。

第十六条　【定密责任人】机关、单位主要负责人及其指定的人员为定密责任人，负责本机关、本单位的国家秘密确定、变更和解除工作。

机关、单位确定、变更和解除本机关、本单位的国家秘密,应当由承办人提出具体意见,经定密责任人审核批准。

第十七条 【定密权限】确定国家秘密的密级,应当遵守定密权限。

中央国家机关、省级机关及其授权的机关、单位可以确定绝密级、机密级和秘密级国家秘密;设区的市级机关及其授权的机关、单位可以确定机密级和秘密级国家秘密;特殊情况下无法按照上述规定授权定密的,国家保密行政管理部门或者省、自治区、直辖市保密行政管理部门可以授予机关、单位定密权限。具体的定密权限、授权范围由国家保密行政管理部门规定。

下级机关、单位认为本机关、本单位产生的有关定密事项属于上级机关、单位的定密权限,应当先行采取保密措施,并立即报请上级机关、单位确定;没有上级机关、单位的,应当立即提请有相应定密权限的业务主管部门或者保密行政管理部门确定。

公安机关、国家安全机关在其工作范围内按照规定的权限确定国家秘密的密级。

第十八条 【派生定密】机关、单位执行上级确定的国家秘密事项或者办理其他机关、单位确定的国家秘密事项,需要派生定密的,应当根据所执行、办理的国家秘密事项的密级确定。

第十九条 【机关、单位的定密职责】机关、单位对所产生的国家秘密事项,应当按照保密事项范围的规定确定密级,同时确定保密期限和知悉范围;有条件的可以标注密点。

第二十条 【保密期限】国家秘密的保密期限,应当根据事项的性质和特点,按照维护国家安全和利益的需要,限定在必要的期限内;不能确定期限的,应当确定解密的条件。

国家秘密的保密期限,除另有规定外,绝密级不超过三十年,机密级不超过二十年,秘密级不超过十年。

机关、单位应当根据工作需要,确定具体的保密期限、解密时间或者解密条件。

机关、单位对在决定和处理有关事项工作过程中确定需要保密的事项,根据工作需要决定公开的,正式公布时即视为解密。

第二十一条 【知悉范围】国家秘密的知悉范围,应当根据工作需要限定在最小范围。

国家秘密的知悉范围能够限定到具体人员的，限定到具体人员；不能限定到具体人员的，限定到机关、单位，由该机关、单位限定到具体人员。

国家秘密的知悉范围以外的人员，因工作需要知悉国家秘密的，应当经过机关、单位主要负责人或者其指定的人员批准。原定密机关、单位对扩大国家秘密的知悉范围有明确规定的，应当遵守其规定。

第二十二条　【国家秘密标志】机关、单位对承载国家秘密的纸介质、光介质、电磁介质等载体（以下简称国家秘密载体）以及属于国家秘密的设备、产品，应当作出国家秘密标志。

涉及国家秘密的电子文件应当按照国家有关规定作出国家秘密标志。

不属于国家秘密的，不得作出国家秘密标志。

第二十三条　【密级、保密期限和知悉范围的变更】国家秘密的密级、保密期限和知悉范围，应当根据情况变化及时变更。国家秘密的密级、保密期限和知悉范围的变更，由原定密机关、单位决定，也可以由其上级机关决定。

国家秘密的密级、保密期限和知悉范围变更的，应当及时书面通知知悉范围内的机关、单位或者人员。

第二十四条　【审核与解密】机关、单位应当每年审核所确定的国家秘密。

国家秘密的保密期限已满的，自行解密。在保密期限内因保密事项范围调整不再作为国家秘密，或者公开后不会损害国家安全和利益，不需要继续保密的，应当及时解密；需要延长保密期限的，应当在原保密期限届满前重新确定密级、保密期限和知悉范围。提前解密或者延长保密期限的，由原定密机关、单位决定，也可以由其上级机关决定。

第二十五条　【不明确、有争议事项的确定】机关、单位对是否属于国家秘密或者属于何种密级不明确或者有争议的，由国家保密行政管理部门或者省、自治区、直辖市保密行政管理部门按照国家保密规定确定。

第三章　保密制度

第二十六条　【国家秘密载体保密管理】国家秘密载体的制作、收发、传递、使用、复制、保存、维修和销毁，应当符合国家保密规定。

绝密级国家秘密载体应当在符合国家保密标准的设施、设备中保存，并指定专人管理;未经原定密机关、单位或者其上级机关批准,不得复制和摘抄;收发、传递和外出携带,应当指定人员负责,并采取必要的安全措施。

第二十七条 【密品管理】属于国家秘密的设备、产品的研制、生产、运输、使用、保存、维修和销毁,应当符合国家保密规定。

第二十八条 【国家秘密载体管理禁止性规定】机关、单位应当加强对国家秘密载体的管理,任何组织和个人不得有下列行为:

(一)非法获取、持有国家秘密载体;

(二)买卖、转送或者私自销毁国家秘密载体;

(三)通过普通邮政、快递等无保密措施的渠道传递国家秘密载体;

(四)寄递、托运国家秘密载体出境;

(五)未经有关主管部门批准,携带、传递国家秘密载体出境;

(六)其他违反国家秘密载体保密规定的行为。

第二十九条 【国家秘密信息管理禁止性规定】禁止非法复制、记录、存储国家秘密。

禁止未按照国家保密规定和标准采取有效保密措施,在互联网及其他公共信息网络或者有线和无线通信中传递国家秘密。

禁止在私人交往和通信中涉及国家秘密。

第三十条 【涉密信息系统的管理】存储、处理国家秘密的计算机信息系统(以下简称涉密信息系统)按照涉密程度实行分级保护。

涉密信息系统应当按照国家保密规定和标准规划、建设、运行、维护,并配备保密设施、设备。保密设施、设备应当与涉密信息系统同步规划、同步建设、同步运行。

涉密信息系统应当按照规定,经检查合格后,方可投入使用,并定期开展风险评估。

第三十一条 【信息系统、信息设备管理禁止性规定】机关、单位应当加强对信息系统、信息设备的保密管理,建设保密自监管设施,及时发现并处置安全保密风险隐患。任何组织和个人不得有下列行为:

(一)未按照国家保密规定和标准采取有效保密措施,将涉密信息系统、涉密信息设备接入互联网及其他公共信息网络;

(二)未按照国家保密规定和标准采取有效保密措施,在涉密信息系统、涉密信息设备与互联网及其他公共信息网络之间进行信息交换;

（三）使用非涉密信息系统、非涉密信息设备存储或者处理国家秘密；

（四）擅自卸载、修改涉密信息系统的安全技术程序、管理程序；

（五）将未经安全技术处理的退出使用的涉密信息设备赠送、出售、丢弃或者改作其他用途；

（六）其他违反信息系统、信息设备保密规定的行为。

第三十二条　【安全保密产品、保密技术装备的管理】用于保护国家秘密的安全保密产品和保密技术装备应当符合国家保密规定和标准。

国家建立安全保密产品和保密技术装备抽检、复检制度，由国家保密行政管理部门设立或者授权的机构进行检测。

第三十三条　【出版媒体及网络信息的管理】报刊、图书、音像制品、电子出版物的编辑、出版、印制、发行，广播节目、电视节目、电影的制作和播放，网络信息的制作、复制、发布、传播，应当遵守国家保密规定。

第三十四条　【网络运营者信息管理和配合义务】网络运营者应当加强对其用户发布的信息的管理，配合监察机关、保密行政管理部门、公安机关、国家安全机关对涉嫌泄露国家秘密案件进行调查处理；发现利用互联网及其他公共信息网络发布的信息涉嫌泄露国家秘密的，应当立即停止传输该信息，保存有关记录，向保密行政管理部门或者公安机关、国家安全机关报告；应当根据保密行政管理部门或者公安机关、国家安全机关的要求，删除涉及泄露国家秘密的信息，并对有关设备进行技术处理。

第三十五条　【信息公开保密审查】机关、单位应当依法对拟公开的信息进行保密审查，遵守国家保密规定。

第三十六条　【数据保密管理】开展涉及国家秘密的数据处理活动及其安全监管应当符合国家保密规定。

国家保密行政管理部门和省、自治区、直辖市保密行政管理部门会同有关主管部门建立安全保密防控机制，采取安全保密防控措施，防范数据汇聚、关联引发的泄密风险。

机关、单位应当对汇聚、关联后属于国家秘密事项的数据依法加强安全管理。

第三十七条　【涉外保密管理】机关、单位向境外或者向境外在中国境内设立的组织、机构提供国家秘密，任用、聘用的境外人员因工作需要知悉国家秘密的，按照国家有关规定办理。

第三十八条 【会议、活动保密管理】举办会议或者其他活动涉及国家秘密的，主办单位应当采取保密措施，并对参加人员进行保密教育，提出具体保密要求。

第三十九条 【要害部门部位保密管理】机关、单位应当将涉及绝密级或者较多机密级、秘密级国家秘密的机构确定为保密要害部门，将集中制作、存放、保管国家秘密载体的专门场所确定为保密要害部位，按照国家保密规定和标准配备、使用必要的技术防护设施、设备。

第四十条 【军事禁区等场所、部位保密管理】军事禁区、军事管理区和属于国家秘密不对外开放的其他场所、部位，应当采取保密措施，未经有关部门批准，不得擅自决定对外开放或者扩大开放范围。

涉密军事设施及其他重要涉密单位周边区域应当按照国家保密规定加强保密管理。

第四十一条 【从事涉密业务的企事业单位的管理】从事涉及国家秘密业务的企业事业单位，应当具备相应的保密管理能力，遵守国家保密规定。

从事国家秘密载体制作、复制、维修、销毁，涉密信息系统集成，武器装备科研生产，或者涉密军事设施建设等涉及国家秘密业务的企业事业单位，应当经过审查批准，取得保密资质。

第四十二条 【涉密采购和委托涉密业务保密管理】采购涉及国家秘密的货物、服务的机关、单位，直接涉及国家秘密的工程建设、设计、施工、监理等单位，应当遵守国家保密规定。

机关、单位委托企业事业单位从事涉及国家秘密的业务，应当与其签订保密协议，提出保密要求，采取保密措施。

第四十三条 【涉密人员及其权益保护】在涉密岗位工作的人员（以下简称涉密人员），按照涉密程度分为核心涉密人员、重要涉密人员和一般涉密人员，实行分类管理。

任用、聘用涉密人员应当按照国家有关规定进行审查。

涉密人员应当具有良好的政治素质和品行，经过保密教育培训，具备胜任涉密岗位的工作能力和保密知识技能，签订保密承诺书，严格遵守国家保密规定，承担保密责任。

涉密人员的合法权益受法律保护。对因保密原因合法权益受到影响和限制的涉密人员，按照国家有关规定给予相应待遇或者补偿。

第四十四条 【涉密人员管理制度】机关、单位应当建立健全涉密人员管理制度,明确涉密人员的权利、岗位责任和要求,对涉密人员履行职责情况开展经常性的监督检查。

第四十五条 【涉密人员出境管理】涉密人员出境应当经有关部门批准,有关机关认为涉密人员出境将对国家安全造成危害或者对国家利益造成重大损失的,不得批准出境。

第四十六条 【涉密人员离岗离职规定】涉密人员离岗离职应当遵守国家保密规定。机关、单位应当开展保密教育提醒,清退国家秘密载体,实行脱密期管理。涉密人员在脱密期内,不得违反规定就业和出境,不得以任何方式泄露国家秘密;脱密期结束后,应当遵守国家保密规定,对知悉的国家秘密继续履行保密义务。涉密人员严重违反离岗离职及脱密期国家保密规定的,机关、单位应当及时报告同级保密行政管理部门,由保密行政管理部门会同有关部门依法采取处置措施。

第四十七条 【泄密事件报告】国家工作人员或者其他公民发现国家秘密已经泄露或者可能泄露时,应当立即采取补救措施并及时报告有关机关、单位。机关、单位接到报告后,应当立即作出处理,并及时向保密行政管理部门报告。

第四章 监督管理

第四十八条 【规章、标准制定】国家保密行政管理部门依照法律、行政法规的规定,制定保密规章和国家保密标准。

第四十九条 【监督管理职责】保密行政管理部门依法组织开展保密宣传教育、保密检查、保密技术防护、保密违法案件调查处理工作,对保密工作进行指导和监督管理。

第五十条 【定密纠正】保密行政管理部门发现国家秘密确定、变更或者解除不当的,应当及时通知有关机关、单位予以纠正。

第五十一条 【保密检查与依法查处】保密行政管理部门依法对机关、单位遵守保密法律法规和相关制度的情况进行检查;涉嫌保密违法的,应当及时调查处理或者组织、督促有关机关、单位调查处理;涉嫌犯罪的,应当依法移送监察机关、司法机关处理。

对严重违反国家保密规定的涉密人员,保密行政管理部门应当建议有关机关、单位将其调离涉密岗位。

有关机关、单位和个人应当配合保密行政管理部门依法履行职责。

第五十二条 【保密违法行为处置措施】保密行政管理部门在保密检查和案件调查处理中,可以依法查阅有关材料、询问人员、记录情况,先行登记保存有关设施、设备、文件资料等;必要时,可以进行保密技术检测。

保密行政管理部门对保密检查和案件调查处理中发现的非法获取、持有的国家秘密载体,应当予以收缴;发现存在泄露国家秘密隐患的,应当要求采取措施,限期整改;对存在泄露国家秘密隐患的设施、设备、场所,应当责令停止使用。

第五十三条 【密级鉴定】办理涉嫌泄露国家秘密案件的机关,需要对有关事项是否属于国家秘密、属于何种密级进行鉴定的,由国家保密行政管理部门或者省、自治区、直辖市保密行政管理部门鉴定。

第五十四条 【处分监督】机关、单位对违反国家保密规定的人员不依法给予处分的,保密行政管理部门应当建议纠正;对拒不纠正的,提请其上一级机关或者监察机关对该机关、单位负有责任的领导人员和直接责任人员依法予以处理。

第五十五条 【风险评估、监测预警、应急处置、信息通报】设区的市级以上保密行政管理部门建立保密风险评估机制、监测预警制度、应急处置制度,会同有关部门开展信息收集、分析、通报工作。

第五十六条 【行业自律】保密协会等行业组织依照法律、行政法规的规定开展活动,推动行业自律,促进行业健康发展。

第五章 法律责任

第五十七条 【组织、个人保密违法责任】违反本法规定,有下列情形之一,根据情节轻重,依法给予处分;有违法所得的,没收违法所得:

(一)非法获取、持有国家秘密载体的;

(二)买卖、转送或者私自销毁国家秘密载体的;

(三)通过普通邮政、快递等无保密措施的渠道传递国家秘密载体的;

(四)寄递、托运国家秘密载体出境,或者未经有关主管部门批准,携带、传递国家秘密载体出境的；

（五）非法复制、记录、存储国家秘密的；

（六）在私人交往和通信中涉及国家秘密的；

（七）未按照国家保密规定和标准采取有效保密措施，在互联网及其他公共信息网络或者有线和无线通信中传递国家秘密的；

（八）未按照国家保密规定和标准采取有效保密措施，将涉密信息系统、涉密信息设备接入互联网及其他公共信息网络的；

（九）未按照国家保密规定和标准采取有效保密措施，在涉密信息系统、涉密信息设备与互联网及其他公共信息网络之间进行信息交换的；

（十）使用非涉密信息系统、非涉密信息设备存储、处理国家秘密的；

（十一）擅自卸载、修改涉密信息系统的安全技术程序、管理程序的；

（十二）将未经安全技术处理的退出使用的涉密信息设备赠送、出售、丢弃或者改作其他用途的；

（十三）其他违反本法规定的情形。

有前款情形尚不构成犯罪，且不适用处分的人员，由保密行政管理部门督促其所在机关、单位予以处理。

第五十八条 【机关、单位重大泄密和定密不当法律责任】机关、单位违反本法规定，发生重大泄露国家秘密案件的，依法对直接负责的主管人员和其他直接责任人员给予处分。不适用处分的人员，由保密行政管理部门督促其主管部门予以处理。

机关、单位违反本法规定，对应当定密的事项不定密，对不应当定密的事项定密，或者未履行解密审核责任，造成严重后果的，依法对直接负责的主管人员和其他直接责任人员给予处分。

第五十九条 【网络运营者保密违法责任】网络运营者违反本法第三十四条规定的，由公安机关、国家安全机关、电信主管部门、保密行政管理部门按照各自职责分工依法予以处罚。

第六十条 【承担涉密业务单位保密违法责任】取得保密资质的企业事业单位违反国家保密规定的，由保密行政管理部门责令限期整改，给予警告或者通报批评；有违法所得的，没收违法所得；情节严重的，暂停涉密业务、降低资质等级；情节特别严重的，吊销保密资质。

未取得保密资质的企业事业单位违法从事本法第四十一条第二款规定

的涉密业务的，由保密行政管理部门责令停止涉密业务，给予警告或者通报批评；有违法所得的，没收违法所得。

第六十一条　【保密行政管理部门工作人员违法责任】保密行政管理部门的工作人员在履行保密管理职责中滥用职权、玩忽职守、徇私舞弊的，依法给予处分。

第六十二条　【刑事责任】违反本法规定，构成犯罪的，依法追究刑事责任。

第六章　附　　则

第六十三条　【军队保密规定授权】中国人民解放军和中国人民武装警察部队开展保密工作的具体规定，由中央军事委员会根据本法制定。

第六十四条　【工作秘密管理】机关、单位对履行职能过程中产生或者获取的不属于国家秘密但泄露后会造成一定不利影响的事项，适用工作秘密管理办法采取必要的保护措施。工作秘密管理办法另行规定。

第六十五条　【施行日期】本法自 2024 年 5 月 1 日起施行。

中华人民共和国
保守国家秘密法实施条例

（2014 年 1 月 17 日中华人民共和国国务院令第 646 号公布
2024 年 7 月 10 日中华人民共和国国务院令第 786 号修订）

第一章　总　　则

第一条　根据《中华人民共和国保守国家秘密法》（以下简称保密法）的规定，制定本条例。

第二条　坚持和加强中国共产党对保守国家秘密(以下简称保密)工作的领导。

中央保密工作领导机构领导全国保密工作,负责全国保密工作的顶层设计、统筹协调、整体推进、督促落实。

地方各级保密工作领导机构领导本地区保密工作,按照中央保密工作领导机构统一部署,贯彻落实党和国家保密工作战略及重大政策措施,统筹协调保密重大事项和重要工作,督促保密法律法规严格执行。

第三条　国家保密行政管理部门主管全国的保密工作。县级以上地方各级保密行政管理部门在上级保密行政管理部门指导下,主管本行政区域的保密工作。

第四条　中央国家机关在其职权范围内管理或者指导本系统的保密工作,监督执行保密法律法规,可以根据实际情况制定或者会同有关部门制定主管业务方面的保密规定。

第五条　国家机关和涉及国家秘密的单位(以下简称机关、单位)不得将依法应当公开的事项确定为国家秘密,不得将涉及国家秘密的信息公开。

第六条　机关、单位实行保密工作责任制,承担本机关、本单位保密工作主体责任。机关、单位主要负责人对本机关、本单位的保密工作负总责,分管保密工作的负责人和分管业务工作的负责人在职责范围内对保密工作负领导责任,工作人员对本岗位的保密工作负直接责任。

机关、单位应当加强保密工作力量建设,中央国家机关应当设立保密工作机构,配备专职保密干部,其他机关、单位应当根据保密工作需要设立保密工作机构或者指定人员专门负责保密工作。

机关、单位及其工作人员履行保密工作责任制情况应当纳入年度考评和考核内容。

第七条　县级以上人民政府应当加强保密基础设施建设和关键保密科学技术产品的配备。

省级以上保密行政管理部门应当推动保密科学技术自主创新,促进关键保密科学技术产品的研发工作,鼓励和支持保密科学技术研究和应用。

第八条　保密行政管理部门履行职责所需的经费,应当列入本级预算。机关、单位开展保密工作所需经费应当列入本机关、本单位的年度预算或者年度收支计划。

第九条 保密行政管理部门应当组织开展经常性的保密宣传教育。干部教育培训主管部门应当会同保密行政管理部门履行干部保密教育培训工作职责。干部教育培训机构应当将保密教育纳入教学体系。教育行政部门应当推动保密教育纳入国民教育体系。宣传部门应当指导鼓励大众传播媒介充分发挥作用,普及保密知识,宣传保密法治,推动全社会增强保密意识。

机关、单位应当定期对本机关、本单位工作人员进行保密工作优良传统、保密形势任务、保密法律法规、保密技术防范、保密违法案例警示等方面的教育培训。

第十条 保密行政管理部门应当按照国家有关规定完善激励保障机制,加强专门人才队伍建设、专业培训和装备配备,提升保密工作专业化能力和水平。教育行政部门应当加强保密相关学科专业建设指导和支持。

第十一条 对有下列表现之一的组织和个人,应当按照国家有关规定给予表彰和奖励:

(一)在危急情况下保护国家秘密安全的;

(二)在重大涉密活动中,为维护国家秘密安全做出突出贡献的;

(三)在保密科学技术研发中取得重大成果或者显著成绩的;

(四)及时检举泄露或者非法获取、持有国家秘密行为的;

(五)发现他人泄露或者可能泄露国家秘密,立即采取补救措施,避免或者减轻危害后果的;

(六)在保密管理等涉密岗位工作,忠于职守,严守国家秘密,表现突出的;

(七)其他在保守、保护国家秘密工作中做出突出贡献的。

第二章 国家秘密的范围和密级

第十二条 国家秘密及其密级的具体范围(以下称保密事项范围)应当明确规定国家秘密具体事项的名称、密级、保密期限、知悉范围和产生层级。

保密事项范围应当根据情况变化及时调整。制定、修订保密事项范围应当充分论证,听取有关机关、单位和相关行业、领域专家的意见。

第十三条 有定密权限的机关、单位应当依据本行业、本领域以及相关行业、领域保密事项范围,制定国家秘密事项一览表,并报同级保密行政管理部门备案。国家秘密事项一览表应当根据保密事项范围及时修订。

第十四条 机关、单位主要负责人为本机关、本单位法定定密责任人，根据工作需要，可以明确本机关、本单位其他负责人、内设机构负责人或者其他人员为指定定密责任人。

定密责任人、承办人应当接受定密培训，熟悉定密职责和保密事项范围，掌握定密程序和方法。

第十五条 定密责任人在职责范围内承担国家秘密确定、变更和解除工作，指导、监督职责范围内的定密工作。具体职责是：

（一）审核批准承办人拟定的国家秘密的密级、保密期限和知悉范围；

（二）对本机关、本单位确定的尚在保密期限内的国家秘密进行审核，作出是否变更或者解除的决定；

（三）参与制定修订本机关、本单位国家秘密事项一览表；

（四）对是否属于国家秘密和属于何种密级不明确的事项先行拟定密级、保密期限和知悉范围，并按照规定的程序报保密行政管理部门确定。

第十六条 中央国家机关、省级机关以及设区的市级机关可以根据保密工作需要或者有关机关、单位申请，在国家保密行政管理部门规定的定密权限、授权范围内作出定密授权。

无法按照前款规定授权的，省级以上保密行政管理部门可以根据保密工作需要或者有关机关、单位申请，作出定密授权。

定密授权应当以书面形式作出。授权机关应当对被授权机关、单位履行定密授权的情况进行监督。被授权机关、单位不得再授权。

中央国家机关、省级机关和省、自治区、直辖市保密行政管理部门作出的定密授权，报国家保密行政管理部门备案；设区的市级机关作出的定密授权，报省、自治区、直辖市保密行政管理部门备案。

第十七条 机关、单位应当在国家秘密产生的同时，由承办人依据有关保密事项范围拟定密级、保密期限和知悉范围，报定密责任人审核批准，并采取相应保密措施。

机关、单位对应当定密但本机关、本单位没有定密权限的事项，先行采取保密措施，并依照法定程序，报上级机关、单位确定；没有上级机关、单位的，报有定密权限的业务主管部门或者保密行政管理部门确定。

机关、单位确定国家秘密，能够明确密点的，按照国家保密规定确定并标注。

第十八条 机关、单位执行上级确定的国家秘密事项或者办理其他机关、单位确定的国家秘密事项，有下列情形之一的，应当根据所执行、办理的国家秘密事项的密级、保密期限和知悉范围派生定密：

（一）与已确定的国家秘密事项完全一致的；

（二）涉及已确定的国家秘密事项密点的；

（三）对已确定的国家秘密事项进行概括总结、编辑整合、具体细化的；

（四）原定密机关、单位对使用已确定的国家秘密事项有明确定密要求的。

第十九条 机关、单位对所产生的国家秘密，应当按照保密事项范围的规定确定具体的保密期限或者解密时间；不能确定的，应当确定解密条件。

国家秘密的保密期限，自标明的制发日起计算；不能标明制发日的，确定该国家秘密的机关、单位应当书面通知知悉范围内的机关、单位和人员，保密期限自通知之日起计算。

第二十条 机关、单位应当依法限定国家秘密的知悉范围，对知悉机密级以上国家秘密的人员，应当作出记录。

第二十一条 国家秘密载体以及属于国家秘密的设备、产品（以下简称密品）的明显部位应当作出国家秘密标志。国家秘密标志应当标注密级、保密期限。国家秘密的密级或者保密期限发生变更的，应当及时对原国家秘密标志作出变更。

无法作出国家秘密标志的，确定该国家秘密的机关、单位应当书面通知知悉范围内的机关、单位和人员。

第二十二条 机关、单位对所确定的国家秘密，认为符合保密法有关解除或者变更规定的，应当及时解除或者变更。

机关、单位对不属于本机关、本单位确定的国家秘密，认为符合保密法有关解除或者变更规定的，可以向原定密机关、单位或者其上级机关、单位提出建议。

已经依法移交各级国家档案馆的属于国家秘密的档案，由原定密机关、单位按照国家有关规定进行解密审核。

第二十三条 机关、单位被撤销或者合并、分立的，该机关、单位所确定国家秘密的变更和解除，由承担其职能的机关、单位负责；没有相应机关、单位的,由其上级机关、单位或者同级保密行政管理部门指定的机关、单位负责。

第二十四条　机关、单位发现本机关、本单位国家秘密的确定、变更和解除不当的,应当及时纠正;上级机关、单位发现下级机关、单位国家秘密的确定、变更和解除不当的,应当及时通知其纠正,也可以直接纠正。

第二十五条　机关、单位对符合保密法的规定,但保密事项范围没有规定的不明确事项,应当先行拟定密级、保密期限和知悉范围,采取相应的保密措施,并自拟定之日起10个工作日内报有关部门确定。拟定为绝密级的事项和中央国家机关拟定的机密级、秘密级的事项,报国家保密行政管理部门确定;其他机关、单位拟定的机密级、秘密级的事项,报省、自治区、直辖市保密行政管理部门确定。

保密行政管理部门接到报告后,应当在10个工作日内作出决定。省、自治区、直辖市保密行政管理部门还应当将所作决定及时报国家保密行政管理部门备案。

第二十六条　机关、单位对已确定的国家秘密事项是否属于国家秘密或者属于何种密级有不同意见的,可以向原定密机关、单位提出异议,由原定密机关、单位作出决定。

机关、单位对原定密机关、单位未予处理或者对作出的决定仍有异议的,按照下列规定办理:

(一)确定为绝密级的事项和中央国家机关确定的机密级、秘密级的事项,报国家保密行政管理部门确定;

(二)其他机关、单位确定的机密级、秘密级的事项,报省、自治区、直辖市保密行政管理部门确定;对省、自治区、直辖市保密行政管理部门作出的决定有异议的,可以报国家保密行政管理部门确定。

在原定密机关、单位或者保密行政管理部门作出决定前,对有关事项应当按照主张密级中的最高密级采取相应的保密措施。

第三章　保 密 制 度

第二十七条　国家秘密载体管理应当遵守下列规定:

(一)制作国家秘密载体,应当由本机关、本单位或者取得国家秘密载体

制作、复制资质的单位承担,制作场所、设备应当符合国家保密规定;

(二)收发国家秘密载体,应当履行清点、编号、登记、签收手续;

(三)传递国家秘密载体,应当通过机要交通、机要通信或者其他符合国家保密规定的方式进行;

(四)阅读、使用国家秘密载体,应当在符合国家保密规定的场所进行;

(五)复制国家秘密载体或者摘录、引用、汇编属于国家秘密的内容,应当按照规定报批,不得擅自改变原件的密级、保密期限和知悉范围,复制件应当加盖复制机关、单位戳记,并视同原件进行管理;

(六)保存国家秘密载体的场所、设施、设备,应当符合国家保密规定;

(七)维修国家秘密载体,应当由本机关、本单位专门技术人员负责。确需外单位人员维修的,应当由本机关、本单位的人员现场监督。确需在本机关、本单位以外维修的,应当符合国家保密规定;

(八)携带国家秘密载体外出,应当符合国家保密规定,并采取可靠的保密措施。携带国家秘密载体出境,应当按照国家保密规定办理审批手续;

(九)清退国家秘密载体,应当按照制发机关、单位要求办理。

第二十八条 销毁国家秘密载体,应当符合国家保密规定和标准,确保销毁的国家秘密信息无法还原。

销毁国家秘密载体,应当履行清点、登记、审批手续,并送交保密行政管理部门设立的工作机构或者指定的单位销毁。机关、单位因工作需要,自行销毁少量国家秘密载体的,应当使用符合国家保密标准的销毁设备和方法。

第二十九条 绝密级国家秘密载体管理还应当遵守下列规定:

(一)收发绝密级国家秘密载体,应当指定专人负责;

(二)传递、携带绝密级国家秘密载体,应当两人以上同行,所用包装应当符合国家保密规定;

(三)阅读、使用绝密级国家秘密载体,应当在符合国家保密规定的指定场所进行;

(四)禁止复制、下载、汇编、摘抄绝密级文件信息资料,确有工作需要的,应当征得原定密机关、单位或者其上级机关同意;

(五)禁止将绝密级国家秘密载体携带出境,国家另有规定的从其规定。

第三十条 机关、单位应当依法对密品的研制、生产、试验、运输、使用、保存、维修、销毁等进行管理。

机关、单位应当及时确定密品的密级和保密期限，严格控制密品的接触范围，对放置密品的场所、部位采取安全保密防范措施。

绝密级密品的研制、生产、维修应当在符合国家保密规定的封闭场所进行，并设置专门放置、保存场所。

密品的零件、部件、组件等物品，涉及国家秘密的，按照国家保密规定管理。

第三十一条　机关、单位应当依法确定保密要害部门、部位，报同级保密行政管理部门确认，严格保密管理。

第三十二条　涉密信息系统按照涉密程度分为绝密级、机密级、秘密级。机关、单位应当根据涉密信息系统存储、处理信息的最高密级确定保护等级，按照分级保护要求采取相应的安全保密防护措施。

第三十三条　涉密信息系统应当由国家保密行政管理部门设立或者授权的机构进行检测评估，并经设区的市级以上保密行政管理部门审查合格，方可投入使用。

公安机关、国家安全机关的涉密信息系统测评审查工作按照国家保密行政管理部门会同国务院公安、国家安全部门制定的有关规定执行。

第三十四条　机关、单位应当加强信息系统、信息设备的运行维护、使用管理，指定专门机构或者人员负责运行维护、安全保密管理和安全审计，按照国家保密规定建设保密自监管设施，定期开展安全保密检查和风险评估，配合保密行政管理部门排查预警事件，及时发现并处置安全保密风险隐患。

第三十五条　机关、单位应当按照国家保密规定，对绝密级信息系统每年至少开展一次安全保密风险评估，对机密级及以下信息系统每两年至少开展一次安全保密风险评估。机关、单位涉密信息系统的密级、使用范围和使用环境等发生变化可能产生新的安全保密风险隐患的，应当按照国家保密规定和标准采取相应防护措施，并开展安全保密风险评估。

涉密信息系统中使用的信息设备应当安全可靠，以无线方式接入涉密信息系统的，应当符合国家保密和密码管理规定、标准。

涉密信息系统不再使用的，应当按照国家保密规定和标准对相关保密设施、设备进行处理，并及时向相关保密行政管理部门备案。

第三十六条　研制、生产、采购、配备用于保护国家秘密的安全保密产品和保密技术装备应当符合国家保密规定和标准。

国家鼓励研制生产单位根据保密工作需要，采用新技术、新方法、新工艺等创新安全保密产品和保密技术装备。

第三十七条　研制生产单位应当为用于保护国家秘密的安全保密产品和保密技术装备持续提供维修维护服务，建立漏洞、缺陷发现和处理机制，不得在安全保密产品和保密技术装备中设置恶意程序。

研制生产单位可以向国家保密行政管理部门设立或者授权的机构申请对安全保密产品和保密技术装备进行检测，检测合格的，上述机构颁发合格证书。研制生产单位生产的安全保密产品和保密技术装备应当与送检样品一致。

第三十八条　国家保密行政管理部门组织其设立或者授权的机构开展用于保护国家秘密的安全保密产品和保密技术装备抽检、复检，发现不符合国家保密规定和标准的，应当责令整改；存在重大缺陷或者重大泄密隐患的，应当责令采取停止销售、召回产品等补救措施，相关单位应当配合。

第三十九条　网络运营者应当遵守保密法律法规和国家有关规定，建立保密违法行为投诉、举报、发现、处置制度，完善受理和处理工作机制，制定泄密应急预案。发生泄密事件时，网络运营者应当立即启动应急预案，采取补救措施，并向保密行政管理部门或者公安机关、国家安全机关报告。

第四十条　网络运营者对保密行政管理部门依法实施的保密违法案件调查和预警事件排查，应当予以配合。

省级以上保密行政管理部门在履行保密监督管理职责中，发现网络存在较大泄密隐患或者发生泄密事件的，可以按照规定权限和程序对该网络运营者的法定代表人或者主要负责人进行约谈，督促其及时整改，消除隐患。

第四十一条　机关、单位应当加强对互联网使用的保密管理。机关、单位工作人员使用智能终端产品等应当符合国家保密规定，不得违反有关规定使用非涉密信息系统、信息设备存储、处理、传输国家秘密。

第四十二条　机关、单位应当健全信息公开保密审查工作机制，明确审查机构，规范审查程序，按照先审查、后公开的原则，对拟公开的信息逐项进行保密审查。

第四十三条　机关、单位应当承担涉密数据安全保护责任，涉密数据收集、存储、使用、加工、传输、提供等处理活动应当符合国家保密规定。

省级以上保密行政管理部门应当会同有关部门建立动态监测、综合评估等安全保密防控机制，指导机关、单位落实安全保密防控措施，防范数据汇聚、关联引发的泄密风险。

机关、单位应当对汇聚、关联后属于国家秘密事项的数据依法加强安全管理，落实安全保密防控措施。

第四十四条　机关、单位向境外或者向境外在中国境内设立的组织、机构提供国家秘密，任用、聘用的境外人员因工作需要知悉国家秘密的，应当按照国家保密规定办理，进行审查评估，签订保密协议，督促落实保密管理要求。

第四十五条　举办会议或者其他活动涉及国家秘密的，主办单位应当采取下列保密措施，承办、参加单位和人员应当配合：

（一）根据会议、活动的内容确定密级，制定保密方案，限定参加人员和工作人员范围；

（二）使用符合国家保密规定和标准的场所、设施、设备，采取必要保密技术防护等措施；

（三）按照国家保密规定管理国家秘密载体；

（四）对参加人员和工作人员进行身份核实和保密教育，提出具体保密要求；

（五）保密法律法规和国家保密规定要求的其他措施。

通过电视、电话、网络等方式举办会议或者其他活动涉及国家秘密的，还应当符合国家有关保密标准。

第四十六条　保密行政管理部门及其他主管部门应当加强对涉密军事设施及其他重要涉密单位周边区域保密管理工作的指导和监督，建立协调机制，加强军地协作，组织督促整改，有关机关、单位应当配合，及时发现并消除安全保密风险隐患。

第四十七条　从事涉及国家秘密业务（以下简称涉密业务）的企业事业单位应当符合下列条件：

（一）在中华人民共和国境内依法成立 1 年以上的法人，国家另有规定的从其规定；

（二）无犯罪记录，近 1 年内未发生泄密案件；

（三）从事涉密业务的人员具有中华人民共和国国籍，国家另有规定的从其规定；

（四）保密制度完善，有专门的机构或者人员负责保密工作；

（五）用于涉密业务的场所、设施、设备符合国家保密规定和标准；

（六）具有从事涉密业务的专业能力；

（七）保密法律法规和国家保密规定要求的其他条件。

第四十八条 从事国家秘密载体制作、复制、维修、销毁，涉密信息系统集成，武器装备科研生产，或者涉密军事设施建设等涉密业务的企业事业单位，应当由保密行政管理部门单独或者会同有关部门进行保密审查，取得保密资质。

取得保密资质的企业事业单位，不得有下列行为：

（一）超出保密资质业务种类范围承担其他需要取得保密资质的业务；

（二）变造、出卖、出租、出借保密资质证书；

（三）将涉密业务转包给其他单位或者分包给无相应保密资质的单位；

（四）其他违反保密法律法规和国家保密规定的行为。

取得保密资质的企业事业单位实行年度自检制度，应当每年向作出准予行政许可决定的保密行政管理部门报送上一年度自检报告。

第四十九条 机关、单位采购涉及国家秘密的工程、货物、服务，或者委托企业事业单位从事涉密业务，应当根据国家保密规定确定密级，并符合国家保密规定和标准。机关、单位应当与有关单位、个人签订保密协议，提出保密要求，采取保密措施，实施全过程管理。

机关、单位采购或者委托企业事业单位从事本条例第四十八条第一款规定的涉密业务的，应当核验承担单位的保密资质。采购或者委托企业事业单位从事其他涉密业务的，应当核查参与单位的业务能力和保密管理能力。

政府采购监督管理部门、保密行政管理部门应当依法加强对涉及国家秘密的工程、货物、服务采购或者其他委托开展涉密业务的监督管理。

第五十条 机关、单位应当依法确定涉密岗位，对拟任用、聘用到涉密岗位工作的人员进行上岗前保密审查，确认其是否具备在涉密岗位工作的条件和能力。未通过保密审查的，不得任用、聘用到涉密岗位工作。

机关、单位组织人事部门负责组织实施保密审查时，拟任用、聘用到涉密岗位工作的人员应当如实提供有关情况；需要其原工作、学习单位以及居住地有关部门和人员配合的，相关单位、部门和人员应当配合。必要时，公安机关、国家安全机关依申请协助审查。

机关、单位组织人事部门应当定期组织复审，确保涉密人员符合涉密岗位工作要求。

第五十一条　涉密人员应当遵守保密法律法规和本机关、本单位保密制度，严格遵守保密纪律、履行保密承诺，接受保密管理，不得以任何方式泄露国家秘密。

第五十二条　机关、单位组织人事部门会同保密工作机构负责涉密人员保密管理工作。机关、单位保密工作机构应当对涉密人员履行保密责任情况开展经常性的监督检查，会同组织人事部门加强保密教育培训。

涉密人员出境，由机关、单位组织人事部门和保密工作机构提出意见，按照人事、外事审批权限审批。涉密人员出境应当经过保密教育培训，及时报告在境外相关情况。

第五十三条　涉密人员离岗离职应当遵守有关法律法规规定；离岗离职前，应当接受保密提醒谈话，签订离岗离职保密承诺书。机关、单位应当开展保密教育提醒，清退国家秘密载体、涉密设备，取消涉密信息系统访问权限，确定脱密期期限。涉密人员在脱密期内就业、出境应当遵守国家保密规定。涉密人员不得利用知悉的国家秘密为有关组织、个人提供服务或者谋取利益。

第五十四条　涉密人员擅自离职或者脱密期内严重违反国家保密规定的，机关、单位应当及时报告同级保密行政管理部门，由保密行政管理部门会同有关部门依法采取处置措施。

第五十五条　机关、单位应当建立健全涉密人员权益保障制度，按照国家有关规定给予因履行保密义务导致合法权益受到影响和限制的人员相应待遇或者补偿。

第四章　监督管理

第五十六条　机关、单位应当向同级保密行政管理部门报送本机关、本单位年度保密工作情况。下级保密行政管理部门应当向上级保密行政管理部门报送本行政区域年度保密工作情况。

第五十七条　国家建立和完善保密标准体系。国家保密行政管理部门依照法律、行政法规的规定制定国家保密标准；相关学会、协会等社会团体可以制定团体标准;相关企业可以制定企业标准。

第五十八条 机关、单位应当对遵守保密法律法规和相关制度情况开展自查自评。保密行政管理部门依法对下列情况进行检查:

(一)保密工作责任制落实情况;

(二)保密制度建设情况;

(三)保密宣传教育培训情况;

(四)涉密人员保密管理情况;

(五)国家秘密确定、变更、解除情况;

(六)国家秘密载体管理情况;

(七)信息系统和信息设备保密管理情况;

(八)互联网使用保密管理情况;

(九)涉密场所及保密要害部门、部位管理情况;

(十)采购涉及国家秘密的工程、货物、服务,或者委托企业事业单位从事涉密业务管理情况;

(十一)涉及国家秘密会议、活动管理情况;

(十二)信息公开保密审查情况;

(十三)其他遵守保密法律法规和相关制度的情况。

第五十九条 保密行政管理部门依法开展保密检查和案件调查处理,查阅有关材料、询问人员、记录情况,对有关设施、设备、文件资料等登记保存,进行保密技术检测,应当遵守国家有关规定和程序。

有关机关、单位和个人应当配合保密行政管理部门依法履行职责,如实反映情况,提供必要资料,不得弄虚作假,隐匿、销毁证据,或者以其他方式逃避、妨碍保密监督管理。

保密行政管理部门实施保密检查后,应当出具检查意见,对需要整改的,应当明确整改内容和期限,并在一定范围内通报检查结果。

第六十条 保密行政管理部门对涉嫌保密违法的线索和案件,应当依法及时调查处理或者组织、督促有关机关、单位调查处理;发现需要采取补救措施的,应当立即责令有关机关、单位和人员停止违法行为,采取有效补救措施。调查工作结束后,有违反保密法律法规的事实,需要追究责任的,保密行政管理部门应当依法作出行政处罚决定或者提出处理建议;涉嫌犯罪的,应当依法移送监察机关、司法机关处理。有关机关、单位应当及时将处理结果书面告知同级保密行政管理部门。

第六十一条　机关、单位发现国家秘密已经泄露或者可能泄露的，应当立即采取补救措施，并在 24 小时内向同级保密行政管理部门和上级主管部门报告。

地方各级保密行政管理部门接到泄密报告的，应当在 24 小时内逐级报至国家保密行政管理部门。

保密行政管理部门依法受理公民对涉嫌保密违法线索的举报，并保护举报人的合法权益。

第六十二条　保密行政管理部门收缴非法获取、持有的国家秘密载体，应当进行登记并出具清单，查清密级、数量、来源、扩散范围等，并采取相应的保密措施。

保密行政管理部门可以提请公安、市场监督管理等有关部门协助收缴非法获取、持有的国家秘密载体，有关部门应当予以配合。

第六十三条　办理涉嫌泄密案件的地方各级监察机关、司法机关申请国家秘密和情报鉴定的，向所在省、自治区、直辖市保密行政管理部门提出；办理涉嫌泄密案件的中央一级监察机关、司法机关申请国家秘密和情报鉴定的，向国家保密行政管理部门提出。

国家秘密和情报鉴定应当根据保密法律法规和保密事项范围等进行。保密行政管理部门受理鉴定申请后，应当自受理之日起 30 日内出具鉴定结论；不能按期出具的，经保密行政管理部门负责人批准，可以延长 30 日。专家咨询等时间不计入鉴定办理期限。

第六十四条　设区的市级以上保密行政管理部门应当建立监测预警制度，分析研判保密工作有关情况，配备监测预警设施和相应工作力量，发现、识别、处置安全保密风险隐患，及时发出预警通报。

第六十五条　保密行政管理部门和其他相关部门应当在保密工作中加强协调配合，及时通报情况。

第六十六条　保密行政管理部门及其工作人员应当按照法定的职权和程序开展工作，做到严格规范公正文明执法，依法接受监督。

第五章　法 律 责 任

第六十七条　机关、单位违反保密法律法规发生泄密案件，有下列情形之一的，根据情节轻重，对直接负责的主管人员和其他直接责任人员依法给予处分；构成犯罪的，依法追究刑事责任：

（一）未落实保密工作责任制的；

（二）未依法确定、变更或者解除国家秘密的；

（三）未按照要求对涉密场所以及保密要害部门、部位进行防护或者管理的；

（四）涉密信息系统未按照规定进行测评审查而投入使用，经责令整改仍不改正的；

（五）未经保密审查或者保密审查不严，公开国家秘密的；

（六）委托不具备从事涉密业务条件的单位从事涉密业务的；

（七）违反涉密人员保密管理规定的；

（八）发生泄密案件未按照规定报告或者未及时采取补救措施的；

（九）未依法履行涉密数据安全管理责任的；

（十）其他违反保密法律法规的情形。

有前款情形尚不构成犯罪，且不适用处分的人员，由保密行政管理部门督促其主管部门予以处理。

第六十八条　在保密检查或者保密违法案件调查处理中，有关机关、单位及其工作人员拒不配合，弄虚作假，隐匿、销毁证据，或者以其他方式逃避、妨碍保密检查或者保密违法案件调查处理的，对直接负责的主管人员和其他直接责任人员依法给予处分；不适用处分的人员，由保密行政管理部门督促其主管部门予以处理。

企业事业单位及其工作人员协助机关、单位逃避、妨碍保密检查或者保密违法案件调查处理的，由有关主管部门依法予以处罚。

第六十九条　网络运营者违反保密法律法规，有下列情形之一的，由保密行政管理等部门按照各自职责分工责令限期整改，给予警告或者通报批评；情节严重的，处5万元以上50万元以下罚款，对直接负责的主管人员和其他直接责任人员处1万元以上10万元以下罚款：

（一）发生泄密事件，未依法采取补救措施的；

（二）未依法配合保密行政管理部门实施保密违法案件调查、预警事件排查的。

第七十条　用于保护国家秘密的安全保密产品和保密技术装备不符合

国家保密规定和标准，有下列情形之一的，由保密行政管理等部门对研制生产单位给予警告或者通报批评，责令有关检测机构取消合格证书；有违法所得的，没收违法所得：

（一）研制生产单位拒不整改或者整改后仍不符合国家保密规定和标准的；

（二）安全保密产品和保密技术装备存在重大缺陷或者重大泄密隐患的；

（三）造成国家秘密泄露的；

（四）其他严重危害国家秘密安全的。

第七十一条　从事涉密业务的企业事业单位违反保密法律法规及国家保密规定的，由保密行政管理部门责令限期整改，给予警告或者通报批评；有违法所得的，没收违法所得。

取得保密资质的企业事业单位，有下列情形之一的，并处暂停涉密业务、降低资质等级：

（一）超出保密资质业务种类范围承担其他需要取得保密资质业务的；

（二）未按照保密行政管理部门要求时限完成整改或者整改后仍不符合保密法律法规及国家保密规定的；

（三）其他违反保密法律法规及国家保密规定，存在重大泄密隐患的。

取得保密资质的企业事业单位，有下列情形之一的，并处吊销保密资质：

（一）变造、出卖、出租、出借保密资质证书的；

（二）将涉密业务转包给其他单位或者分包给无相应保密资质单位的；

（三）发现国家秘密已经泄露或者可能泄露，未立即采取补救措施或者未按照规定时限报告的；

（四）拒绝、逃避、妨碍保密检查的；

（五）暂停涉密业务期间承接新的涉密业务的；

（六）暂停涉密业务期满仍不符合保密法律法规及国家保密规定的；

（七）发生重大泄密案件的；

（八）其他严重违反保密法律法规及国家保密规定行为的。

第七十二条　保密行政管理部门未依法履行职责，或者滥用职权、玩忽职守、徇私舞弊的，对直接负责的主管人员和其他直接责任人员依法给予处分；构成犯罪的，依法追究刑事责任。

第六章　附　　则

第七十三条　中央国家机关应当结合工作实际制定本行业、本领域工作秘密事项具体范围，报国家保密行政管理部门备案。

机关、单位应当加强本机关、本单位工作秘密管理，采取技术防护、自监管等保护措施。违反有关规定造成工作秘密泄露，情节严重的，对直接负责的主管人员和其他直接责任人员依法给予处分。

第七十四条　本条例自2024年9月1日起施行。

中华人民共和国刑法(节录)

(1979年7月1日第五届全国人民代表大会第二次会议通过　1997年3月14日第八届全国人民代表大会第五次会议修订　根据1998年12月29日第九届全国人民代表大会常务委员会第六次会议通过的《关于惩治骗购外汇、逃汇和非法买卖外汇犯罪的决定》、1999年12月25日第九届全国人民代表大会常务委员会第十三次会议通过的《中华人民共和国刑法修正案》、2001年8月31日第九届全国人民代表大会常务委员会第二十三次会议通过的《中华人民共和国刑法修正案(二)》、2001年12月29日第九届全国人民代表大会常务委员会第二十五次会议通过的《中华人民共和国刑法修正案(三)》、2002年12月28日第九届全国人民代表大会常务委员会第三十一次会议通过的《中华人民共和国刑法修正案(四)》、2005年2月28日第十届全国人民代表大会常务委员会第十四次会议通过的《中华人民共和国刑法修正案(五)》、2006年6月29日第十届全国人民代表大会常务委员会第二十二次会议通过的《中华人民共和国刑法修正案(六)》、2009年2月28日第十一届全国人民代表大会常务委员会第七次会议通过的

《中华人民共和国刑法修正案(七)》、2009 年 8 月 27 日第十一届全国人民代表大会常务委员会第十次会议通过的《关于修改部分法律的决定》、2011 年 2 月 25 日第十一届全国人民代表大会常务委员会第十九次会议通过的《中华人民共和国刑法修正案(八)》、2015 年 8 月 29 日第十二届全国人民代表大会常务委员会第十六次会议通过的《中华人民共和国刑法修正案(九)》、2017 年 11 月 4 日第十二届全国人民代表大会常务委员会第三十次会议通过的《中华人民共和国刑法修正案(十)》、2020 年 12 月 26 日第十三届全国人民代表大会常务委员会第二十四次会议通过的《中华人民共和国刑法修正案(十一)》和 2023 年 12 月 29 日第十四届全国人民代表大会常务委员会第七次会议通过的《中华人民共和国刑法修正案(十二)》修正①)

第二百八十条 【伪造、变造、买卖国家机关公文、证件、印章罪;盗窃、抢夺、毁灭国家机关公文、证件、印章罪】伪造、变造、买卖或者盗窃、抢夺、毁灭国家机关的公文、证件、印章的,处三年以下有期徒刑、拘役、管制或者剥夺政治权利,并处罚金;情节严重的,处三年以上十年以下有期徒刑,并处罚金。

【伪造公司、企业、事业单位、人民团体印章罪】伪造公司、企业、事业单位、人民团体的印章的,处三年以下有期徒刑、拘役、管制或者剥夺政治权利,并处罚金。

【伪造、变造、买卖身份证件罪】伪造、变造、买卖居民身份证、护照、社会保障卡、驾驶证等依法可以用于证明身份的证件的,处三年以下有期徒刑、拘役、管制或者剥夺政治权利,并处罚金;情节严重的,处三年以上七年以下有期徒刑,并处罚金。

第二百八十条之一 【使用虚假身份证件、盗用身份证件罪】在依照国家规定应当提供身份证明的活动中,使用伪造、变造的或者盗用他人的居民身份证、护照、社会保障卡、驾驶证等依法可以用于证明身份的证件,情节严

① 刑法、历次刑法修正案、涉及修改刑法的决定的施行日期,分别依据各法律所规定的施行日期确定。

重的,处拘役或者管制,并处或者单处罚金。

有前款行为,同时构成其他犯罪的,依照处罚较重的规定定罪处罚。

第二百八十条之二 【冒名顶替罪】盗用、冒用他人身份,顶替他人取得的高等学历教育入学资格、公务员录用资格、就业安置待遇的,处三年以下有期徒刑、拘役或者管制,并处罚金。

组织、指使他人实施前款行为的,依照前款的规定从重处罚。

国家工作人员有前两款行为,又构成其他犯罪的,依照数罪并罚的规定处罚。

第二百八十二条 【非法获取国家秘密罪】以窃取、刺探、收买方法,非法获取国家秘密的,处三年以下有期徒刑、拘役、管制或者剥夺政治权利;情节严重的,处三年以上七年以下有期徒刑。

【非法持有国家绝密、机密文件、资料、物品罪】非法持有属于国家绝密、机密的文件、资料或者其他物品,拒不说明来源与用途的,处三年以下有期徒刑、拘役或者管制。

第二百八十三条 【非法生产、销售专用间谍器材、窃听、窃照专用器材罪】非法生产、销售专用间谍器材或者窃听、窃照专用器材的,处三年以下有期徒刑、拘役或者管制,并处或者单处罚金;情节严重的,处三年以上七年以下有期徒刑,并处罚金。

单位犯前款罪的,对单位判处罚金,并对其直接负责的主管人员和其他直接责任人员,依照前款的规定处罚。

第二百八十四条 【非法使用窃听、窃照专用器材罪】非法使用窃听、窃照专用器材,造成严重后果的,处二年以下有期徒刑、拘役或者管制。

第二百八十五条 【非法侵入计算机信息系统罪】违反国家规定,侵入国家事务、国防建设、尖端科学技术领域的计算机信息系统的,处三年以下有期徒刑或者拘役。

【非法获取计算机信息系统数据、非法控制计算机信息系统罪】违反国家规定,侵入前款规定以外的计算机信息系统或者采用其他技术手段,获取该计算机信息系统中存储、处理或者传输的数据,或者对该计算机信息系统实施非法控制,情节严重的,处三年以下有期徒刑或者拘役,并处或者单处罚金;情节特别严重的,处三年以上七年以下有期徒刑,并处罚金。

【提供侵入、非法控制计算机信息系统程序、工具罪】提供专门用于侵入、非法控制计算机信息系统的程序、工具,或者明知他人实施侵入、非法控制计算机信息系统的违法犯罪行为而为其提供程序、工具,情节严重的,依照前款的规定处罚。

单位犯前三款罪的,对单位判处罚金,并对其直接负责的主管人员和其他直接责任人员,依照各该款的规定处罚。

第二百八十六条　【破坏计算机信息系统罪】违反国家规定,对计算机信息系统功能进行删除、修改、增加、干扰,造成计算机信息系统不能正常运行,后果严重的,处五年以下有期徒刑或者拘役;后果特别严重的,处五年以上有期徒刑。

违反国家规定,对计算机信息系统中存储、处理或者传输的数据和应用程序进行删除、修改、增加的操作,后果严重的,依照前款的规定处罚。

故意制作、传播计算机病毒等破坏性程序,影响计算机系统正常运行,后果严重的,依照第一款的规定处罚。

单位犯前三款罪的,对单位判处罚金,并对其直接负责的主管人员和其他直接责任人员,依照第一款的规定处罚。

第二百八十七条　【利用计算机实施犯罪的提示性规定】利用计算机实施金融诈骗、盗窃、贪污、挪用公款、窃取国家秘密或者其他犯罪的,依照本法有关规定定罪处罚。

第二百八十七条之一　【非法利用信息网络罪】利用信息网络实施下列行为之一,情节严重的,处三年以下有期徒刑或者拘役,并处或者单处罚金:

(一)设立用于实施诈骗、传授犯罪方法、制作或者销售违禁物品、管制物品等违法犯罪活动的网站、通讯群组的;

(二)发布有关制作或者销售毒品、枪支、淫秽物品等违禁物品、管制物品或者其他违法犯罪信息的;

(三)为实施诈骗等违法犯罪活动发布信息的。

单位犯前款罪的,对单位判处罚金,并对其直接负责的主管人员和其他直接责任人员,依照第一款的规定处罚。

有前两款行为,同时构成其他犯罪的,依照处罚较重的规定定罪处罚。

第二百九十六条　【非法集会、游行、示威罪】举行集会、游行、示威,未依照法律规定申请或者申请未获许可,或者未按照主管机关许可的起止时间、地点、路线进行,又拒不服从解散命令,严重破坏社会秩序的,对集会、游行、示威的负责人和直接责任人员,处五年以下有期徒刑、拘役、管制或者剥夺政治权利。

第二百九十七条　【非法携带武器、管制刀具、爆炸物参加集会、游行、示威罪】违反法律规定,携带武器、管制刀具或者爆炸物参加集会、游行、示威的,处三年以下有期徒刑、拘役、管制或者剥夺政治权利。

第二百九十八条　【破坏集会、游行、示威罪】扰乱、冲击或者以其他方法破坏依法举行的集会、游行、示威,造成公共秩序混乱的,处五年以下有期徒刑、拘役、管制或者剥夺政治权利。

第二百九十九条　【侮辱国旗、国徽、国歌罪】在公共场合,故意以焚烧、毁损、涂划、玷污、践踏等方式侮辱中华人民共和国国旗、国徽的,处三年以下有期徒刑、拘役、管制或者剥夺政治权利。

在公共场合,故意篡改中华人民共和国国歌歌词、曲谱,以歪曲、贬损方式奏唱国歌,或者以其他方式侮辱国歌,情节严重的,依照前款的规定处罚。

第三百一十条　【窝藏、包庇罪】明知是犯罪的人而为其提供隐藏处所、财物,帮助其逃匿或者作假证明包庇的,处三年以下有期徒刑、拘役或者管制;情节严重的,处三年以上十年以下有期徒刑。

犯前款罪,事前通谋的,以共同犯罪论处。

第三百一十一条　【拒绝提供间谍犯罪、恐怖主义犯罪、极端主义犯罪证据罪】明知他人有间谍犯罪或者恐怖主义、极端主义犯罪行为,在司法机关向其调查有关情况、收集有关证据时,拒绝提供,情节严重的,处三年以下有期徒刑、拘役或者管制。

第三百一十八条　【组织他人偷越国(边)境罪】组织他人偷越国(边)境的,处二年以上七年以下有期徒刑,并处罚金;有下列情形之一的,处七年以上有期徒刑或者无期徒刑,并处罚金或者没收财产:

(一)组织他人偷越国(边)境集团的首要分子;

(二)多次组织他人偷越国(边)境或者组织他人偷越国(边)境人数众多的;

(三)造成被组织人重伤、死亡的;

(四)剥夺或者限制被组织人人身自由的;

(五)以暴力、威胁方法抗拒检查的;

(六)违法所得数额巨大的;

（七）有其他特别严重情节的。

犯前款罪，对被组织人有杀害、伤害、强奸、拐卖等犯罪行为，或者对检查人员有杀害、伤害等犯罪行为的，依照数罪并罚的规定处罚。

第三百一十九条　【骗取出境证件罪】以劳务输出、经贸往来或者其他名义，弄虚作假，骗取护照、签证等出境证件，为组织他人偷越国（边）境使用的，处三年以下有期徒刑，并处罚金；情节严重的，处三年以上十年以下有期徒刑，并处罚金。

单位犯前款罪的，对单位判处罚金，并对其直接负责的主管人员和其他直接责任人员，依照前款的规定处罚。

第三百二十条　【提供伪造、变造的出入境证件罪；出售出入境证件罪】为他人提供伪造、变造的护照、签证等出入境证件，或者出售护照、签证等出入境证件的，处五年以下有期徒刑，并处罚金；情节严重的，处五年以上有期徒刑，并处罚金。

第三百二十一条　【运送他人偷越国（边）境罪】运送他人偷越国（边）境的，处五年以下有期徒刑、拘役或者管制，并处罚金；有下列情形之一的，处五年以上十年以下有期徒刑，并处罚金：

（一）多次实施运送行为或者运送人数众多的；

（二）所使用的船只、车辆等交通工具不具备必要的安全条件，足以造成严重后果的；

（三）违法所得数额巨大的；

（四）有其他特别严重情节的。

在运送他人偷越国（边）境中造成被运送人重伤、死亡，或者以暴力、威胁方法抗拒检查的，处七年以上有期徒刑，并处罚金。

犯前两款罪，对被运送人有杀害、伤害、强奸、拐卖等犯罪行为，或者对检查人员有杀害、伤害等犯罪行为的，依照数罪并罚的规定处罚。

第三百二十二条　【偷越国（边）境罪】违反国（边）境管理法规，偷越国（边）境，情节严重的，处一年以下有期徒刑、拘役或者管制，并处罚金；为参加恐怖活动组织、接受恐怖活动培训或者实施恐怖活动，偷越国（边）境的，处一年以上三年以下有期徒刑，并处罚金。

反间谍安全防范工作规定

（2021 年 4 月 26 日国家安全部令 2021 年第 1 号公布
自公布之日起施行）

第一章 总 则

第一条 为了加强和规范反间谍安全防范工作，督促机关、团体、企业事业组织和其他社会组织落实反间谍安全防范责任，根据《中华人民共和国国家安全法》《中华人民共和国反间谍法》《中华人民共和国反间谍法实施细则》等有关法律法规，制定本规定。

第二条 机关、团体、企业事业组织和其他社会组织在国家安全机关的协调和指导下开展反间谍安全防范工作，适用本规定。

第三条 开展反间谍安全防范工作，应当坚持中央统一领导，坚持总体国家安全观，坚持专门工作与群众路线相结合，坚持人防物防技防相结合，严格遵守法定权限和程序，尊重和保障人权，保护公民、组织的合法权益。

第四条 机关、团体、企业事业组织和其他社会组织承担本单位反间谍安全防范工作的主体责任，应当对本单位的人员进行维护国家安全的教育，动员、组织本单位的人员防范、制止间谍行为和其他危害国家安全的行为。

行业主管部门在其职权范围内，监督管理本行业反间谍安全防范工作。

第五条 各级国家安全机关按照管理权限，依法对机关、团体、企业事业组织和其他社会组织开展反间谍安全防范工作进行业务指导和督促检查。

第六条 国家安全机关及其工作人员对履行反间谍安全防范指导和检查工作职责中知悉的国家秘密、工作秘密、商业秘密、个人隐私和个人信息，应当严格保密，不得泄露或者向他人非法提供。

第二章　反间谍安全防范责任

第七条　行业主管部门应当履行下列反间谍安全防范监督管理责任：

（一）根据主管行业特点，明确本行业反间谍安全防范工作要求；

（二）配合国家安全机关制定主管行业反间谍安全防范重点单位名录、开展反间谍安全防范工作；

（三）指导、督促主管行业所属重点单位履行反间谍安全防范义务；

（四）其他应当履行的反间谍安全防范行业管理责任。

有关行业主管部门应当与国家安全机关建立健全反间谍安全防范协作机制，加强信息互通、情况会商、协同指导、联合督查，共同做好反间谍安全防范工作。

第八条　机关、团体、企业事业组织和其他社会组织应当落实反间谍安全防范主体责任，履行下列义务：

（一）开展反间谍安全防范教育、培训，提高本单位人员的安全防范意识和应对能力；

（二）加强本单位反间谍安全防范管理，落实有关安全防范措施；

（三）及时向国家安全机关报告涉及间谍行为和其他危害国家安全行为的可疑情况；

（四）为国家安全机关依法执行任务提供便利或者其他协助；

（五）妥善应对和处置涉及本单位和本单位人员的反间谍安全防范突发情况；

（六）其他应当履行的反间谍安全防范义务。

第九条　国家安全机关根据单位性质、所属行业、涉密等级、涉外程度以及是否发生过危害国家安全案事件等因素，会同有关部门制定并定期调整反间谍安全防范重点单位名录，以书面形式告知重点单位。反间谍安全防范重点单位除履行本规定第八条规定的义务外，还应当履行下列义务：

（一）建立健全反间谍安全防范工作制度；

（二）明确本单位相关机构和人员承担反间谍安全防范职责；

（三）加强对涉密事项、场所、载体、数据、岗位和人员的日常安全防范管理，对涉密人员实行上岗前反间谍安全防范审查，与涉密人员签订安全防范承诺书；

（四）组织涉密、涉外人员向本单位报告涉及国家安全事项，并做好数据信息动态管理；

（五）做好涉外交流合作中的反间谍安全防范工作，制定并落实有关预案措施；

（六）做好本单位出国（境）团组、人员和长期驻外人员的反间谍安全防范行前教育、境外管理和回国（境）访谈工作；

（七）定期对涉密、涉外人员开展反间谍安全防范教育、培训；

（八）按照反间谍技术安全防范标准，配备必要的设备、设施，落实有关技术安全防范措施；

（九）定期对本单位反间谍安全防范工作进行自查，及时发现和消除安全隐患。

第十条 关键信息基础设施运营者除履行本规定第八条规定的义务外，还应当履行下列义务：

（一）对本单位安全管理机构负责人和关键岗位人员进行反间谍安全防范审查；

（二）定期对从业人员进行反间谍安全防范教育、培训；

（三）采取反间谍技术安全防范措施，防范、制止境外网络攻击、网络入侵、网络窃密等间谍行为，保障网络和信息核心技术、关键基础设施和重要领域信息系统及数据的安全。

列入反间谍安全防范重点单位名录的关键信息基础设施运营者，还应当履行本规定第九条规定的义务。

第三章 反间谍安全防范指导

第十一条 国家安全机关可以通过下列方式，对机关、团体、企业事业组织和其他社会组织落实反间谍安全防范责任进行指导：

（一）提供工作手册、指南等宣传教育材料；

（二）印发书面指导意见；

（三）举办工作培训；

（四）召开工作会议；

（五）提醒、劝告；

（六）其他指导方式。

第十二条 国家安全机关定期分析反间谍安全防范形势，开展风险评估，通报有关单位，向有关单位提出加强和改进反间谍安全防范工作的意见和建议。

第十三条 国家安全机关运用网络、媒体平台、国家安全教育基地（馆）等，开展反间谍安全防范宣传教育。

第十四条 国家安全机关会同教育主管部门，指导学校向全体师生开展反间谍安全防范教育，对参加出国（境）学习、交流的师生加强反间谍安全防范行前教育和回国（境）访谈。

第十五条 国家安全机关会同科技主管部门，指导各类科研机构向科研人员开展反间谍安全防范教育，对参加出国（境）学习、交流的科研人员加强反间谍安全防范行前教育和回国（境）访谈。

第十六条 国家安全机关会同有关部门，组织、动员居（村）民委员会结合本地实际配合开展群众性反间谍安全防范宣传教育。

第十七条 国家安全机关会同宣传主管部门，协调和指导广播、电视、报刊、互联网等媒体开展反间谍安全防范宣传活动，制作、刊登、播放反间谍安全防范公益广告、典型案例、宣传教育节目或者其他宣传品，提高公众反间谍安全防范意识。

第十八条 公民、组织可以通过国家安全机关12339举报受理电话、网络举报受理平台或者国家安全机关公布的其他举报方式，举报间谍行为和其他危害国家安全的行为，以及各类反间谍安全防范问题线索。

第十九条 国家安全机关应当严格为举报人保密，保护举报人的人身财产安全。未经举报人同意，不得以任何方式公开或者泄露其个人信息。

公民因举报间谍行为或者其他危害国家安全行为，本人或者其近亲属的人身安全面临危险的，可以向国家安全机关请求予以保护。国家安全机关应当会同有关部门依法采取保护措施。

第二十条 对反间谍安全防范工作中取得显著成绩或者做出重大贡献的单位和个人，符合下列条件之一的，国家安全机关可以按照国家有关规定，会同有关部门、单位给予表彰、奖励：

（一）提供重要情况或者线索，为国家安全机关发现、破获间谍案件或者其他危害国家安全案件，或者为有关单位防范、消除涉及国家安全的重大风险隐患或者现实危害发挥重要作用的；

（二）密切配合国家安全机关执行任务，表现突出的；

（三）防范、制止间谍行为或者其他危害国家安全行为，表现突出的；

（四）主动采取措施，及时消除本单位涉及国家安全的重大风险隐患或者现实危害，挽回重大损失的；

（五）在反间谍安全防范工作中，有重大创新或者成效特别显著的；

（六）在反间谍安全防范工作中做出其他重大贡献的。

第四章　反间谍安全防范检查

第二十一条　国家安全机关对有下列情形之一的，经设区的市级以上国家安全机关负责人批准，并出具法律文书，可以对机关、团体、企业事业组织和其他社会组织开展反间谍安全防范检查：

（一）发现反间谍安全防范风险隐患；

（二）接到反间谍安全防范问题线索举报；

（三）依据有关单位的申请；

（四）因其他反间谍安全防范工作需要。

第二十二条　国家安全机关可以通过下列方式对机关、团体、企业事业组织和其他社会组织的反间谍安全防范工作进行检查：

（一）向有关单位和人员了解情况；

（二）调阅有关资料；

（三）听取有关工作说明；

（四）进入有关单位、场所实地查看；

（五）查验电子通信工具、器材等设备、设施，

（六）反间谍技术防范检查和检测；

（七）其他法律、法规、规章授权的检查方式。

第二十三条　经设区的市级以上国家安全机关负责人批准，国家安全机关可以对存在风险隐患的机关、团体、企业事业组织和其他社会组织的相关部位、场所和建筑物、内部设备设施、强弱电系统、计算机网络及信息系统、关键信息基础设施等开展反间谍技术防范检查检测，防范、发现和处置危害国

家安全的情况。

第二十四条　国家安全机关可以采取下列方式开展反间谍技术防范检查检测：

（一）进入有关单位、场所，进行现场技术检查；

（二）使用专用设备，对有关部位、场所、链路、网络进行技术检测；

（三）对有关设备设施、网络、系统进行远程技术检测。

第二十五条　国家安全机关开展反间谍技术防范现场检查检测时，检查人员不得少于两人，并应当出示相应证件。

国家安全机关开展远程技术检测，应当事先告知被检测对象检测时间、检测范围等事项。

检查检测人员应当制作检查检测记录，如实记录检查检测情况。

第二十六条　国家安全机关在开展反间谍技术防范检查检测中，为防止危害发生或者扩大，可以依法责令被检查对象采取技术屏蔽、隔离、拆除或者停止使用相关设备设施、网络、系统等整改措施，指导和督促有关措施的落实，并在检查检测记录中注明。

第二十七条　国家安全机关可以根据反间谍安全防范检查情况，向被检查单位提出加强和改进反间谍安全防范工作的意见和建议，督促有关单位落实反间谍安全防范责任和义务。

第五章　法律责任

第二十八条　机关、团体、企业事业组织和其他社会组织违反本规定，有下列情形之一的，国家安全机关可以依法责令限期整改；被责令整改单位应当于整改期限届满前向国家安全机关提交整改报告，国家安全机关应当自收到整改报告之日起十五个工作日内对整改情况进行检查：

（一）不认真履行反间谍安全防范责任和义务，安全防范工作措施不落实或者落实不到位，存在明显问题隐患的；

（二）不接受国家安全机关反间谍安全防范指导和检查的；

（三）发生间谍案件，叛逃案件，为境外窃取、刺探、收买、非法提供国家秘密、情报案件，以及其他危害国家安全案事件的；

（四）发现涉及间谍行为和其他危害国家安全行为的可疑情况，迟报、漏报、瞒报，造成不良后果或者影响的；

（五）不配合或者阻碍国家安全机关依法执行任务的。

对未按照要求整改或者未达到整改要求的，国家安全机关可以依法约谈相关负责人，并将约谈情况通报该单位上级主管部门。

第二十九条　机关、团体、企业事业组织和其他社会组织及其工作人员未履行或者未按照规定履行反间谍安全防范责任和义务，造成不良后果或者影响的，国家安全机关可以向有关机关、单位移送问题线索，建议有关机关、单位按照管理权限对负有责任的领导人员和直接责任人员依规依纪依法予以处理；构成犯罪的，依法追究刑事责任。

第三十条　国家安全机关及其工作人员在反间谍安全防范指导和检查工作中，滥用职权、玩忽职守、徇私舞弊的，对负有责任的领导人员和直接责任人员依规依纪依法予以处理；构成犯罪的，依法追究刑事责任。

第六章　附　　则

第三十一条　本规定自公布之日起施行。

公民举报危害国家安全行为奖励办法

（2022年6月6日国家安全部令第2号公布　自公布之日起施行）

第一章　总　　则

第一条　为了鼓励公民举报危害国家安全行为，规范危害国家安全行为举报奖励工作，动员全社会力量共同维护国家安全，根据《中华人民共和国国家安全法》、《中华人民共和国反间谍法》、《中华人民共和国反间谍法实施细则》等法律法规，制定本办法。

第二条　国家安全机关在法定职责范围内对公民举报危害国家安全行为实施奖励,适用本办法。

第三条　对举报危害国家安全行为的公民实施奖励,应当贯彻总体国家安全观,坚持国家安全一切为了人民、一切依靠人民,坚持专门工作与群众路线相结合,坚持客观公正、依法依规。

第四条　公民可以通过下列方式向国家安全机关举报:

(一)拨打国家安全机关12339举报受理电话;

(二)登录国家安全机关互联网举报受理平台网站www.12339.gov.cn;

(三)向国家安全机关投递信函;

(四)到国家安全机关当面举报;

(五)通过其他国家机关或者举报人所在单位向国家安全机关报告;

(六)其他举报方式。

第五条　公民可以实名或者匿名进行举报。实名举报应当提供真实身份信息和有效联系方式。匿名举报人有奖励诉求的,应当提供能够辨识其举报身份的信息。

提倡和鼓励实名举报。

第六条　国家安全机关以及依法知情的其他组织和个人应当严格为举报人保密,未经举报人同意,不得以任何方式泄露举报人身份相关信息。

因举报危害国家安全行为,举报人本人或者其近亲属的人身安全面临危险的,可以向国家安全机关请求予以保护。国家安全机关应当会同有关部门依法采取有效保护措施。国家安全机关认为有必要的,应当依职权及时、主动采取保护措施。

第七条　国家安全机关会同宣传主管部门,协调和指导广播、电视、报刊、互联网等媒体对举报危害国家安全行为的渠道方式、典型案例、先进事迹等进行宣传,制作、刊登、播放有关公益广告、宣传教育节目或者其他宣传品,增强公民维护国家安全意识,提高公民举报危害国家安全行为的积极性、主动性。

第二章　奖励条件、方式和标准

第八条　获得举报奖励应当同时符合下列条件:

（一）有明确的举报对象，或者具体的危害国家安全行为线索或者情况；

（二）举报事项事先未被国家安全机关掌握，或者虽被国家安全机关有所掌握，但举报人提供的情况更为具体详实；

（三）举报内容经国家安全机关查证属实，为防范、制止和惩治危害国家安全行为发挥了作用、作出了贡献。

第九条 有下列情形之一的，不予奖励或者不予重复奖励：

（一）国家安全机关工作人员或者其他具有法定职责的人员举报的，不予奖励；

（二）无法验证举报人身份，或者无法与举报人取得联系的，不予奖励；

（三）最终认定的违法事实与举报事项不一致的，不予奖励；

（四）对同一举报人的同一举报事项，不予重复奖励；对同一举报人提起的两个或者两个以上有包含关系的举报事项，相同内容部分不予重复奖励；

（五）经由举报线索调查发现新的危害国家安全行为或者违法主体的，不予重复奖励；

（六）其他不符合法律法规规章规定的奖励情形。

第十条 两人及两人以上举报的，按照下列规则进行奖励认定：

（一）同一事项由两个及两个以上举报人分别举报的，奖励最先举报人，举报次序以国家安全机关受理举报的登记时间为准，最先举报人以外的其他举报人可以酌情给予奖励；

（二）两人及两人以上联名举报同一线索或者情况的，按同一举报奖励。

第十一条 国家安全机关根据违法线索查证结果、违法行为危害程度、举报发挥作用情况等，综合评估确定奖励等级，给予精神奖励或者物质奖励。

给予精神奖励的，颁发奖励证书；给予物质奖励的，发放奖金。

征得举报人及其所在单位同意后，可以由举报人所在单位对举报人实施奖励。

第十二条 以发放奖金方式进行奖励的，具体标准如下：

（一）对防范、制止和惩治危害国家安全行为发挥一定作用、作出一定贡献的，给予人民币 1 万元以下奖励；

（二）对防范、制止和惩治危害国家安全行为发挥重要作用、作出重要贡献的，给予人民币 1 万元至 3 万元奖励；

（三）对防范、制止和惩治严重危害国家安全行为发挥重大作用、作出重大贡献的，给予人民币 3 万元至 10 万元奖励；

（四）对防范、制止和惩治严重危害国家安全行为发挥特别重大作用、作出特别重大贡献的，给予人民币 10 万元以上奖励。

第三章　奖励程序

第十三条　对于符合本办法规定的奖励条件的举报，应当在举报查证属实、依法对危害国家安全行为作出处理后 30 个工作日内，由设区的市级以上国家安全机关启动奖励程序。

第十四条　国家安全机关应当根据本办法第十一条、第十二条，认定奖励等级，作出奖励决定。

第十五条　国家安全机关应当在作出奖励决定之日起 10 个工作日内，以适当方式将奖励决定告知举报人。

举报人放弃奖励的，终止奖励程序。

第十六条　举报人应当在被告知奖励决定之日起 6 个月内，由本人或者委托他人领取奖励。

因特殊情况无法按期领取奖励的，可以延长奖励领取期限，最长不超过 3 年。举报人无正当理由逾期未领取奖励的，视为主动放弃。

第十七条　征得举报人同意后，国家安全机关可以单独或者会同有关单位，在做好安全保密工作的前提下举行奖励仪式。

第十八条　公民举报危害国家安全行为奖励经费按规定纳入国家安全机关部门预算。

第十九条　国家安全机关应当加强对举报奖金的发放管理。举报奖金的发放，应当依法接受监督。

第四章　法律责任

第二十条　国家安全机关工作人员有下列情形之一的，对负有责任的领导人员和直接责任人员依规依纪依法予以处理；构成犯罪的，依法追究刑事责任：

（一）伪造或者教唆、伙同他人伪造举报材料，冒领举报奖金的；

（二）泄露举报或者举报人信息的；

（三）利用在职务活动中知悉的危害国家安全行为有关线索或者情况，通过他人以举报的方式获取奖励的；

（四）未认真核实举报情况，导致不符合奖励条件的举报人获得奖励的；

（五）对符合举报奖励条件的举报人，无正当理由未按规定要求或者期限给予奖励的；

（六）其他依规依纪依法应当追究责任的情形。

第二十一条　举报人有下列情形之一的，依法予以处理；构成犯罪的，依法追究刑事责任：

（一）借举报之名故意捏造事实诬告、陷害他人的；

（二）弄虚作假骗取奖金的；

（三）恶意举报或者以举报为名制造事端，干扰国家安全机关工作的；

（四）泄露举报中知悉的国家秘密或者工作秘密，造成不良后果或者影响的。

举报人有前款规定情形之一，已经启动奖励程序的，应当终止奖励程序；已经作出奖励决定的，应当予以撤销；已经实施奖励的，应当予以追回。

第二十二条　举报人所在单位有下列情形之一的，依法予以处理：

（一）举报人向所在单位报告危害国家安全行为线索或者情况后，单位不及时向国家安全机关报告或者漏报、瞒报，造成不良后果或者影响的；

（二）举报人向国家安全机关报告危害国家安全行为线索或者情况后，单位对举报人实施打击、报复的。

第五章　附　　则

第二十三条　对境外人员举报实施奖励，适用本办法的有关规定。

第二十四条　本办法自公布之日起施行。

涉及国家安全事项的建设项目许可管理规定

（2025年1月15日国家发展和改革委员会、自然资源部、住房和城乡建设部令第5号公布　自2025年3月1日起施行）

第一章　总　　则

第一条　为了规范涉及国家安全事项的建设项目许可管理工作，防范制止间谍行为，维护国家安全，根据《中华人民共和国国家安全法》《中华人民共和国反间谍法》和《中华人民共和国行政许可法》等法律法规，制定本规定。

第二条　本规定所称涉及国家安全事项的建设项目，是指在中华人民共和国境内重要国家机关、国防军工单位和其他重要涉密单位以及重要军事设施的周边安全控制区域内的建设项目。本规定所称建设项目，是指土木、建筑等工程类建设项目。

第三条　涉及国家安全事项的建设项目新建、改建、扩建的，应当依照本规定取得国家安全机关许可，并接受监督管理。

第四条　涉及国家安全事项的建设项目许可管理工作应当坚持总体国家安全观，统筹发展和安全，遵循依法管理、积极防范、突出重点、便利高效的原则，以高水平安全保障高质量发展。

第五条　国务院国家安全主管部门负责全国涉及国家安全事项的建设项目许可管理。

省级国家安全机关负责组织本行政区域内安全控制区域划定、调整。

设区的市级国家安全机关对本行政区域内涉及国家安全事项的建设项目实施许可，并开展日常管理工作。

发展改革、自然资源、住房城乡建设等有关部门在职责范围内配合共同做好涉及国家安全事项的建设项目许可管理工作。

第六条 国家安全机关应当加强与发展改革、自然资源、住房城乡建设等部门以及国防动员委员会的办事机构协作,健全完善有关工作机制,做好与上述部门、机构有关工作制度的衔接。

第二章 安全控制区域管理

第七条 省级国家安全机关应当依照《反间谍法》第二十一条的要求和有关标准,会同当地发展改革、自然资源、住房城乡建设、保密、国防科技工业等部门以及国防动员委员会的办事机构、军队有关部门,确定需划设安全控制区域的位置及范围,报省、自治区、直辖市人民政府批准。

第八条 安全控制区域经省、自治区、直辖市人民政府批准后,省、设区的市级国家安全机关应当将安全控制区域划定、调整情况通报同级发展改革、自然资源、住房城乡建设、保密、国防科技工业等部门以及国防动员委员会的办事机构、军队有关部门掌握,并将安全控制区域的范围告知有关重要国家机关、国防军工单位和其他重要涉密单位以及重要军事设施管理单位。

第九条 县级以上地方各级人民政府编制国民经济和社会发展规划、国土空间规划等有关规划,应当充分考虑国家安全因素和划定的安全控制区域,征求国家安全机关的意见,国家安全机关应当提出规划、建设方面的安全防范要求。

第十条 省级国家安全机关应当根据重要国家机关、国防军工单位和其他重要涉密单位以及重要军事设施设立、变更、撤销等变化情况,依照本规定第七条规定,动态调整安全控制区域。

第三章 涉及国家安全事项的建设项目许可

第十一条 涉及国家安全事项的建设项目属于新建的,申请人为项目投资人;属于改建、扩建的,申请人为项目所有人。

第十二条 对于涉及国家安全事项的建设项目,申请人申办建设工程规划许可证、乡村建设规划许可证的,应当同步向国家安全机关申请涉及国家安全事项的建设项目许可。

依法无需办理前述规划许可的,申请人应当在开工建设之前向国家安全机关申请涉及国家安全事项的建设项目许可。

国家安全机关应当公布受理许可的途径和联系方式,推进信息共享和网上办理,在办理许可过程中不收取任何费用。除涉及国家秘密的建设项目外,国家安全机关应当依托全国一体化政务服务平台,加强与发展改革、自然资源、住房城乡建设等部门审批监管平台信息共享,推进并联审批,加强衔接联动。

第十三条　申请涉及国家安全事项的建设项目许可时,申请人应当根据建设项目的具体情况提交下列材料:

(一)涉及国家安全事项的建设项目许可申请书;

(二)申请人为法人或者非法人组织的,应当提交企业营业执照或者组织注册登记证书以及法定代表人或者组织负责人的有效身份证明;申请人为自然人的,应当提交个人有效身份证明,非法定代表人、组织负责人、自然人本人办理的,需提供授权材料及受委托人的有效身份证明;

(三)建设项目功能、用途、地址以及投资人、所有人股权结构、实际控制人情况说明;

(四)建设项目设计说明及相关图纸;

(五)建设项目已取得的有关部门审批、核准、备案文件。

国家安全机关可以通过信息共享方式获取相关申请材料的,不再要求申请人提供。

第十四条　国家安全机关对许可申请,应当根据下列情况分别作出处理:

(一)申请事项属于国家安全机关职权范围,申请材料齐全,符合法定形式,应当予以受理,并出具书面凭证,申请材料不齐全或者不符合法定形式的,应当当场或者五个工作日内一次性告知申请人需要补正的全部内容,逾期未告知的,自收到申请材料之日起即为受理;申请材料存在可以当场更正错误的,应当允许申请人当场更正;

(二)申请事项不属于国家安全机关职权范围的,应当即时作出不予受理的决定,出具不予受理的书面凭证,并告知申请人向有关行政机关申请;

(三)申请事项依法不需要取得国家安全机关行政许可的,应当即时告知申请人不受理。

依托地方相关政务平台实施网上受理的，受理凭证以地方政府、相关部门规定式样为准。

第十五条 受理申请后，国家安全机关应当综合考虑涉密单位涉密情形、与建设项目的位置距离关系、周边环境、已采取防范措施等因素，根据有关工作规范，对建设项目功能用途、建设方案、管理使用等方面进行审查，评估建设项目被利用实施危害国家安全行为的风险和可以采取的安全防范措施。

需要实地踏勘的，应当指派两名以上国家安全机关工作人员共同进行。

第十六条 审查过程中，国家安全机关发现申请事项直接关系重要国家机关、国防军工单位、其他重要涉密单位、重要军事设施所属单位以及他人重大利益的，应当听取申请人、利害关系人的意见，并告知申请人、利害关系人享有听证的权利。申请人、利害关系人在被告知听证权利之日起五日内提出听证申请的，在安全保密前提下，国家安全机关应当在二十日内组织听证。

国家安全机关应当根据听证中认定的事实作出决定。

第十七条 对申请事项涉及的专业领域问题，国家安全机关可以组织检测、鉴定和专家评审，在检测、鉴定和专家评审基础上作出许可决定。

第十八条 国家安全机关应当自受理申请之日起二十个工作日内作出许可决定。二十个工作日内不能作出许可决定的，经本级国家安全机关负责人批准，可以延长十个工作日，并应将延长期限的理由告知申请人。

审查过程中，需要进行检测、鉴定、听证和专家评审的时间不计算在前款规定的期限内，国家安全机关应当将所需时间书面告知申请人。

第十九条 国家安全机关根据以下不同情况作出书面许可决定：

（一）建设项目符合维护国家安全要求的，应当准予许可；

（二）建设项目存在危害国家安全隐患，采取安全防范措施后可以消除风险的，国家安全机关应当提出安全防范措施要求，申请人将落实防范措施方案报国家安全机关审核同意的，应当准予许可；

（三）建设项目存在危害国家安全隐患，且无法通过采取安全防范措施消除风险的，应当不予许可，并说明理由。

国家安全机关作出准予许可决定的，应当告知被许可人需接受监督管理的有关事项。

第二十条　当事人对行政许可决定不服的，可以自收到决定书之日起六十日内，依法申请复议；对复议决定不服的，可以自收到复议决定书之日起十五日内，依法向人民法院提起诉讼。

第二十一条　被许可人变更涉及国家安全事项的建设项目名称、功能、用途、地址、设计方案以及项目投资人、所有人等要素的，应当在变更前向作出许可决定的国家安全机关提出申请。

国家安全机关审查后，认为变更事项不会导致原许可决定实质内容发生改变的，应当在三个工作日内依法办理变更手续；认为变更事项导致原许可决定实质内容发生改变，影响国家安全的，应当依照本规定重新审查并依法作出予以变更或不予变更的决定。

第二十二条　有下列情形之一的，国家安全机关应当依法办理许可注销手续：

（一）许可被依法撤销、撤回，或者相关许可证件被依法吊销的；

（二）因安全控制区域调整等客观情况变化，导致被许可项目不再属于许可管理范围的；

（三）因不可抗力导致许可事项无法实施的；

（四）法律、法规规定的应当注销的其他情形。

第四章　涉及国家安全事项的建设项目监督管理

第二十三条　涉及国家安全事项的建设项目投资人、所有人、管理人、使用人应当按照许可确定的条件进行项目建设、管理、使用，自觉履行维护国家安全义务，接受国家安全机关的监督检查，保守所知悉的国家秘密。

涉及国家安全事项的建设项目投资人、所有人、管理人、使用人发生变更前，有关单位和人员应当将许可确定的条件告知拟变更的投资人、所有人、管理人、使用人。

第二十四条　涉及国家安全事项的建设项目进行竣工验收时，申请人应当同步向作出许可决定的国家安全机关提出申请，对建设项目落实安全防范措施要求进行验收。验收合格的，方可投入使用。

第二十五条　涉及国家安全事项的建设项目采取的安全防范措施，项目投资人、所有人、管理人、使用人不得擅自停用、损毁或者拆除，确需变更、调整的，应当及时向国家安全机关报告。

第二十六条　对涉及国家安全事项的建设项目遵守许可情况和落实安全防范措施情况，经设区的市级以上国家安全机关负责人批准，国家安全机关可以采取以下监督检查措施：

（一）向有关单位和人员了解情况；

（二）调阅有关资料；

（三）听取有关工作说明；

（四）进入有关单位、场所实地查看。

国家安全机关开展监督检查时，不得妨碍有关单位和人员正常的生产经营活动，有关单位和人员应当提供与监督检查工作相关的必要协助和便利条件。

国家安全机关对监督检查工作中知悉的商业秘密、个人隐私负有保密义务。

第二十七条　国家安全机关应当根据部门职责，向发展改革、自然资源、住房城乡建设部门，通报涉及国家安全事项的建设项目许可决定以及采取的安全防范措施，并同时告知与许可决定有关的重要国家机关、国防军工单位和其他重要涉密单位以及重要军事设施管理单位。

发展改革、自然资源、住房城乡建设部门应当依据国家安全机关通报情况，在职权范围内协助国家安全机关对涉及国家安全事项的建设项目建设、管理、使用等活动进行监督管理，发现违反本规定的行为，及时通报国家安全机关，并依法处置。

第二十八条　因安全控制区域划定和调整，新划入安全控制区域内的在建或已建的建设项目，国家安全机关可以依照本规定实施监督检查，依法指导相关建设项目投资人、所有人、管理人、使用人落实反间谍安全防范责任。

第二十九条　任何单位和人员发现涉及国家安全事项的建设项目在建设、管理、使用等活动中有违反本规定的情况，应当及时向国家安全机关举报。

国家安全机关应当对举报的单位、人员信息予以保密，对提供重要情况、作出突出贡献的单位和人员，按照国家有关规定给予表彰和奖励。

第三十条　任何单位和人员对国家安全机关及其工作人员在涉及国家

安全事项的建设项目许可管理工作中的违法违纪行为，有权向上级国家安全机关或者监察机关、人民检察院提出检举、控告。

第五章　法律责任

第三十一条　申请人隐瞒有关情况或者提供虚假材料申请许可的，国家安全机关不予受理或者不予许可，并给予警告。

第三十二条　以欺骗、贿赂等不正当手段取得许可的，国家安全机关责令停止建设或者使用，撤销已作出的许可。

第三十三条　未取得许可，擅自新建、改建、扩建建设项目的，国家安全机关予以警告。经采取安全防范措施能够符合维护国家安全要求的，责令限期改正；拒不改正、无法改正、或者存在其他严重情形的，责令停止建设或者使用，或者建议有关主管部门依法予以处理。

第三十四条　有下列情形之一的，国家安全机关予以警告，责令限期改正：

（一）擅自变更许可确定的条件进行建设、管理、使用的；

（二）未经验收，擅自投入使用的；

（三）擅自停用、损毁或者拆除安全防范措施的。

经国家安全机关责令限期改正，逾期未完成改正的，暂扣许可证件；拒不改正或者无法改正的，责令停止建设或者使用，吊销已发放的许可证件，或者建议有关主管部门依法予以处理。

第三十五条　国家机关、人民团体、企业事业组织和其他社会组织违反本规定的，国家安全机关可以依据《反间谍法》第五十六条约谈相关负责人，必要时进行通报。

第三十六条　在涉及国家安全事项的建设项目许可管理活动中违反发展改革、自然资源、住房城乡建设、国防动员等领域法律、法规、规章和有关规定的，由发展改革、自然资源、住房城乡建设等部门以及国防动员委员会的办事机构依法处理。

第三十七条　国家机关工作人员在涉及国家安全事项的建设项目许可管理工作中滥用职权、玩忽职守、徇私舞弊，依法给予处分；构成犯罪的，依法追究刑事责任。

第六章　附　　则

第三十八条　本规定自 2025 年 3 月 1 日起施行。

最高人民法院关于审理为境外窃取、刺探、收买、非法提供国家秘密、情报案件具体应用法律若干问题的解释

（2000 年 11 月 20 日最高人民法院审判委员会第 1142 次会议通过　2001 年 1 月 17 日公布　法释〔2001〕4 号　自 2001 年 1 月 22 日起施行）

为依法惩治为境外的机构、组织、人员窃取、刺探、收买、非法提供国家秘密、情报犯罪活动，维护国家安全和利益，根据刑法有关规定，现就审理这类案件具体应用法律的若干问题解释如下：

第一条　刑法第一百一十一条规定的“国家秘密”，是指《中华人民共和国保守国家秘密法》第二条、第八条以及《中华人民共和国保守国家秘密法实施办法》第四条确定的事项。

刑法第一百一十一条规定的“情报”，是指关系国家安全和利益、尚未公开或者依照有关规定不应公开的事项。

对为境外机构、组织、人员窃取、刺探、收买、非法提供国家秘密之外的情报的行为，以为境外窃取、刺探、收买、非法提供情报罪定罪处罚。

第二条　为境外窃取、刺探、收买、非法提供国家秘密或者情报，具有下列情形之一的，属于“情节特别严重”，处十年以上有期徒刑、无期徒刑，可以并处没收财产：

（一）为境外窃取、刺探、收买、非法提供绝密级国家秘密的；

（二）为境外窃取、刺探、收买、非法提供三项以上机密级国家秘密的；

（三）为境外窃取、刺探、收买、非法提供国家秘密或者情报，对国家安全和利益造成其他特别严重损害的。

实施前款行为，对国家和人民危害特别严重、情节特别恶劣的，可以判处死刑，并处没收财产。

第三条　为境外窃取、刺探、收买、非法提供国家秘密或者情报，具有下列情形之一的，处五年以上十年以下有期徒刑，可以并处没收财产：

（一）为境外窃取、刺探、收买、非法提供机密级国家秘密的；

（二）为境外窃取、刺探、收买、非法提供三项以上秘密级国家秘密的；

（三）为境外窃取、刺探、收买、非法提供国家秘密或者情报，对国家安全和利益造成其他严重损害的。

第四条　为境外窃取、刺探、收买、非法提供秘密级国家秘密或者情报，属于“情节较轻”，处五年以下有期徒刑、拘役、管制或者剥夺政治权利，可以并处没收财产。

第五条　行为人知道或者应当知道没有标明密级的事项关系国家安全和利益，而为境外窃取、刺探、收买、非法提供的，依照刑法第一百一十一条的规定以为境外窃取、刺探、收买、非法提供国家秘密罪定罪处罚。

第六条　通过互联网将国家秘密或者情报非法发送给境外的机构、组织、个人的，依照刑法第一百一十一条的规定定罪处罚；将国家秘密通过互联网予以发布，情节严重的，依照刑法第三百九十八条的规定定罪处罚。

第七条　审理为境外窃取、刺探、收买、非法提供国家秘密案件，需要对有关事项是否属于国家秘密以及属于何种密级进行鉴定的，由国家保密工作部门或者省、自治区、直辖市保密工作部门鉴定。